Dieter Zimmer

Die gelbe Karte

Mein zweites Leben
nach dem Schlaganfall

BASTEI LÜBBE TASCHENBUCH
Band 61361

1. Auflage: März 1996
2. Auflage: März 2000
3. Auflage: August 2002

Vollständige Taschenbuchausgabe

Bastei Lübbe Taschenbücher ist ein Imprint
der Verlagsgruppe Lübbe

© 1996/2000 by Verlagsgruppe Lübbe GmbH & Co. KG,
Bergisch Gladbach
Umschlaggestaltung: ProduktionsAgentur Martinez
Titelbild: René Durand
Satz: Textverarbeitung Garbe, Köln
Druck und Verarbeitung: Ebner & Spiegel, Ulm
Printed in Germany
ISBN 3-404-61361-9

Sie finden uns im Internet unter
http://www.luebbe.de

Der Preis dieses Bandes versteht sich einschließlich
der gesetzlichen Mehrwertsteuer.

1. KAPITEL

Der Wecker.

Es ist Freitagmorgen kurz vor halb sieben. Du möchtest weiterschlafen, das möchtest du eigentlich jeden Morgen, du bist ein Abendmensch, das bist du immer gewesen. Eine Runde geht auch gerade noch, wenn du dich nachher beeilst. Du tippst auf Snooze, das macht zehn Minuten Galgenfrist. Aber du kannst nicht nochmal einschlafen, schaust nur an die dunkle Decke und überlegst, was heute zu tun ist.

Gestern Abend war es verdammt spät. Das Fest im Studio Bonn. Hast zum Glück kaum getrunken, weil du wusstest, du musst noch nach Hause fahren, 180 Kilometer Autobahn. Aber zwei, drei Gläser werden's immer, ehe man auf Mineralwasser umsteigt. Gespräche kreuz und quer mit den Gästen, interessant manche. Aber dir fiel wieder mal auf, dass sich in Bonn jeder, weil er in Bonn ist, für eine zentrale Figur hält. Oft hast du darüber nachgedacht, warum Bonn so eine provinzielle Hauptstadt ist, nicht nur im Vergleich mit Paris, sogar im Vergleich mit München zum Beispiel. Warum? In Paris, sogar in München, ist Kultur zu Hause, Wirtschaft, Presse, Verlage, Gesellschaft, Leben. In Bonn findet jeder Hinterbänkler, jeder Lobbyist, jeder Korrespondent in Verkennung der Tatsachen Grund zu der fatalen Annahme, wo er sei, sei das Zentrum. Gestern warst du also auch mal wieder dort. Hast dich nach einiger Zeit gefragt, warum du nicht aufbrichst, bist trotzdem bis elf geblieben. Hast du gedacht, es hätte ja noch was kommen können?

Nein, heute Morgen kannst du leider nicht ausschlafen. Erstens ist das Bett neben dir leer, Ulrike ist diesmal schon in aller Frühe zur Arbeit gefahren, ein Auftrag beim Hessischen Rundfunk in Frankfurt, der Geld bringt. Zweitens müssen die Kinder gleich geweckt, angezogen und nach dem Frühstück in den Kindergarten gebracht werden. Drittens musst du pünktlich in der Redaktion sein, zwei Produzenten haben sich angesagt, wollen dir Reportagethemen verkaufen.

Der Wecker wiederholt seine Attacke, gib dir einen Ruck und steh auf!

Du schaust in den Spiegel. Also, du hast schon mal besser ausgesehen. Nein, du bist nicht grün im Gesicht, das wäre übertrieben, aber ziemlich grau.

Die Woche war ja auch hart.

Sonntagabend die Kommunalwahlsendung aus Stuttgart. Keine weltbewegende Sache, wer kennt schon in Feuerland Manfred Rommel, aber Ausharren bis zum Endergebnis um Mitternacht. Er hat gewonnen, man gönnt es ihm, quer durch die Parteien. Nach der Sendung ein bisschen mit ZDF-Kollegen geklönt, die neuesten Personalentscheidungen des Hauses durch den Kakao gezogen, es ist ja manchmal auch wirklich haarsträubend. Halb zwei heimgefahren über eine leere Autobahn, halb vier im Bett neben einer längst schlafenden Frau. Montagmorgen trotzdem in die Redaktion, nichts Besonderes, nicht mal besonderer Ärger. Sitzung, Telefonate, Post. Routinekram. Nach der langen Nacht hättest du besser erstmal ausgeschlafen, wie es sogar die Arbeitszeitordnung vorschreibt. Aber du gehörst zu den Verrückten, die immer Angst haben, etwas zu versäumen.

Mittags dann auf die Autobahn. Hast dir ein paar Tage Urlaub genommen für eine Reihe von Lesungen aus deinem neuesten Roman *Das Mädchen vom Alex*. Ein Autor kann schlecht urteilen über seine eigenen Bücher, er kann nur sagen, welche er besonders mag und welche weniger. Diesen Roman magst du besonders. Er beschreibt, wie zwei junge Leute sich im Urlaub am Schwarzen Meer kennen lernen und verlieben, zwei junge Leute, die, welch wunderbarer Zufall an sich, aus derselben Stadt kommen. Nur: Die Stadt heißt Berlin, und zwischen den beiden ist die Mauer. Das Buch ist vor einem halben Jahr, im Frühjahr 1989, erschienen und hat sich prima angelassen, die Fernsehspielredaktion des ZDF fasste sogar eine Verfilmung ins Auge. Jetzt allerdings, da in der DDR die Dämme zu brechen scheinen, ist so ein Roman nicht mehr zeitgemäß. Schade für das Buch, schön für die Menschen.

Auf dem Weg zu den Lesungen: bei Frankfurt der Stau. Der Super-Stau! So einen hast du noch nicht erlebt. In beinahe 30 Führerscheinjahren hast du in so einem Stau noch nicht gestanden. Alles dicht weit und breit ums Frankfurter Kreuz. Zuerst bist du ja gelassen, machst den Motor aus, suchst einen guten Sender, hörst eine Analyse der Ereignisse in der DDR. Dann, als Musik kommt, gehst du nochmal dein Lesungsprogramm für abends durch. Vielleicht doch besser als Schwerpunkt nicht *Das Mädchen vom Alex,* das nicht mehr ganz zeitgemäß ist, sondern *Für'n Groschen Brause*, das zeitlos ist, denn dort geht's um die 50er Jahre, Nachkriegszeit, Zeitgeschichte, Zeitloses.

Der Stau. Bald schaust du immer öfter auf die Uhr. Zweieinhalb Stunden stehst du schon! Stehst einfach nur! Wie festgenagelt auf der Autobahn. Und die Uhr läuft. Dann endlich die Chance, mit anderen über die Standspur auszubüxen.

Du kennst dich ja aus in Frankfurt, wo du acht Jahre lang gelebt hast, in dieser verrufenen, aber so lebenswerten Stadt. Du weißt genau, welche Haken du schlagen musst, um wieder auf die Autobahn zu kommen hinter dem Stau oder davor, wie man will. Denkst du. Aber an diesem Tag ist ganz Frankfurt, das ganze Rhein-Main-Gebiet, ein einziger Stau. Du fährst und stehst und schleichst und biegst ab und stehst und wendest und biegst wieder ab und frisst dich nur tiefer hinein in den ultimativen Stau, wie es ihn hier noch nicht gegeben hat. Die Uhr läuft, und dein Puls beschleunigt sich, bis es in den Schläfen zu pochen anfängt. Wer mag diesen Stau ausgelöst haben? Wahrscheinlich steht irgendwo auf der Überholspur ein hellbrauner Mercedes, dessen Fahrer mit Hut das Diesel ausgegangen ist. Oder zwei Kontrahenten mit minimalen Blechschäden warten verbissen auf die Polizei und nehmen ihre Autos partout nicht von der Fahrbahn. Man müsste mal eine skurrile Story schreiben über einen Stau, der so harmlos beginnt und sich einfach nicht wieder auflöst, nie wieder. (Hast du später geschrieben, in Erinnerung an Frankfurt.) Nach vier Stunden bist du endlich wieder auf dem Weg zu deinem Lesungstermin. Drückst auf die Tube. Jedes Mal, wenn vor dir Bremslichter aufleuchten, klopft es wieder vom Hals an aufwärts. Du denkst: Die Leute warten doch! (Später, viel später, wirst du denken: Na und? Dann hätten sie eben mal warten müssen. Sie hätten Verständnis gehabt. Oder wären gegangen.)

Du schaffst es noch rechtzeitig. Aber es ist ein verhexter Tag, der Wurm ist drin: Das reservierte Hotelzimmer ist durch ein Missverständnis abbestellt und vergeben worden, du kannst dich also nicht frisch machen und umziehen, hockst im Hinterzimmer des Saals und wartest auf den Beginn. Die Lesung ist trotzdem ganz schön, unerklärlicherweise hast du ausgerechnet hier im Westfälischen, mit dem dich sonst nichts verbindet, dein treuestes Publikum. In der Diskussion danach gibt es viele Fragen nach der aktuellen Entwicklung in der DDR. Diesen Umbruch kannst du natürlich auch nicht erklären, obwohl du doch immer meintest, dich »drüben« ganz gut auszukennen. Dass das SED-Regime nicht das ewige Leben hatte, war ja jedem klar, der nicht mit Blindheit geschlagen war. Der Weg in den wirtschaftlichen Bankrott war unaufhaltsam. Aber diese plötzliche, widerstandslose Auflösung der Macht von Partei, Stasi, Volkspolizei, NVA, Kampfgruppen? Wer erklärt das? Selbst die Bonner Spitzen mit ihrem teuren Geheimdienstapparat faseln ja ratlos vor den Kameras und Mikrofonen über die sensationelle Wendung. Wie lange wird die Mauer noch halten? Wenigstens da bist du sicher: nur noch ganz kurze Zeit. Ehe der Dampfkessel explodiert. Die Besucher klatschen, als hättest du etwas Unwiderrufliches verkündet. Nach der Diskussion wird signiert, auch auf Vorrat für die Buchhandlung. Ein Glas Wein mit den Veranstaltern, weitere Diskussionen in kleinem Kreise. Eigentlich fällst du um vor Müdigkeit, aber du bist der Autor und der Gast, der obendrein vom Fernsehen kommt, solche sind nicht jeden Tag hier in der kleinen Stadt, das musst du durchhalten. Tief in der Nacht noch über die Dörfer in den Gasthof, den sie dir als Ausweichquartier besorgt haben. Diesmal ist es zwei Uhr früh.

Das ist schon vier Tage her, aber wie du am Freitagmorgen so mit grauem Gesicht vor dem Spiegel stehst und an den Stau denkst, kriegst du immer noch die fliegende Hitze.

Der Rest der Woche nach dem hektischen Montag war vergleichsweise beschaulich. Tagsüber kurze Anreisen, Stadtbummel für die Bildung, abends Lesung und Diskussion. Lesungen sind nicht dazu gedacht, Autoren reich zu machen, wenngleich es meist ein halbwegs angemessenes Honorar gibt. Solche Veranstaltungen haben den Vorteil, dass Autoren ihr Publikum kennen lernen, einen kleinen Teil ihres Publikums, aber einen repräsentativen. Dein Publikum ist überwiegend weiblich und überwiegend älter, was Ulrike zu ebenso lästerlichen wie beruhigten Kommentaren anregt. Die meisten Zuhörer kennen sich aus in dem, was du in deinen Romanen beschreibst: Ostzone, Nachkrieg, DDR. Dass sie bestätigen, so und nicht anders sei es gewesen, ist für dich der wichtigste Ertrag der Abende.

Lesereise also, ohne Zeitdruck, ein Besuch bei deiner Mutter in Hannover, die du viel zu selten siehst. Krautwickel hat sie gemacht, du hattest sie dir gewünscht. Gestern, am Donnerstag, sogar Zeit, um nach vielen Anläufen endlich mal das Bergbaumuseum in Bochum zu besuchen. Fühltest dich fast wie auf Bildungsurlaub. Gestern Abend dann, wie gesagt, noch das Fest in Bonn.

Aber jetzt: auf! Rasieren geht automatisch, Zähneputzen auch. Schau nicht dauernd in das graue Gesicht im Spiegel! Nach dem Tee wird es schon erste Farbe annehmen, und heute Mittag, nach dem Freitagshering in der Kantine, ist alles vergessen.

Plötzlich macht es knack!

Es ist in deinem Kopf. Es ist nicht zu hören. Nur zu spüren.

Im selben Moment beginnt sich in deinem Kopf ein Kreisel zu drehen. Immer schneller. Als seist du sturzbetrunken. Oder auf dem Jahrmarkt.

Du setzt dich auf den Badewannenrand, dann auf den Fußboden, aber es kreiselt so wild, dass du dich hinlegen musst. Du schließt die Augen, aber es wird nur schlimmer.

Für eine Sekunde kommt dir der Gedanke an einen Boxer, der nach dem Niederschlag hoch will, aber einfach nicht mehr auf die Beine kommt.

Du machst die Augen wieder auf. Du erschrickst: du kannst nicht mehr richtig sehen. Kneifst die Lider zusammen und reißt sie wieder auf, aber verdammt: Es wird nicht anders! Die Welt um dich ist wie in einem zersprungenen Spiegel. Oder in einem kubistischen Gemälde.

Der Kreisel beginnt sich zu beruhigen. Wie viel Zeit ist vergangen? Du willst aufstehen, aber immer noch bist du wie besoffen. Kriechen muss doch noch gehen! Aber wohin?

Ins Bett. Als warte dort die Rettung. Du versuchst, auf allen vieren dorthin zu gelangen. Hangelst dich hinauf. Streckst dich aus. Schließt die Augen. Wartest.

Zum Glück tut das Merkwürdige, Unerklärliche ja nicht weh!

Ein behagliches Gefühl nach dem plötzlichen Anschlag. Du atmest tief durch. Wenn du jetzt Schmerzen hättest, vielleicht das berühmte Ziehen im linken Oberarm, dann müsstest du etwas unternehmen, Gott und die Welt in Bewegung setzen. Aber du spürst ja nichts. Es wird vorübergehen.

Du wartest.

Du dämmerst wohlig.

2. KAPITEL

Du wachst auf, weil die Tür gegangen ist.

Hast du ein paar Minuten gedöst oder zwei Stunden geschlafen? Du tastest nach dem Wecker, aber du kannst die Ziffern nicht erkennen. Vor den Augen ist ein zersprungener Spiegel. Du erinnerst dich: So war das vorhin schon.

Als du dich aufrichten willst, macht dein rechter Arm nicht mit. Der Kopf gibt ihm den Befehl, sich aufzustützen, aber der Arm tut es nicht. Er tut überhaupt nichts. Mit der linken Hand ergreifst du ihn und bewegst ihn hin und her. Er ist wie der Arm einer Puppe, der hin und her schlenkert. Er macht nichts mehr von selbst. Er hängt dir von der Schulter.

Immer noch tut dir nichts weh. Du hattest gehofft, die Sache gehe vorüber. Aber sie ist offenbar schlimmer geworden. Was, verdammt nochmal, soll das bedeuten?

Der Kleine ist hereingekommen. Er tappt auf dein Bett zu und stürzt sich auf dich, schlingt die Arme um deinen Hals: »Papa, liest du mir ein Märchen vor?«

Das kannst du jetzt gerade brauchen!

»Das geht jetzt nicht«, willst du sagen, aber da ist ein neuer Schrecken: Der einfache Satz aus vier Wörtern hakt in der Mitte. Er kommt nicht vom Gehirn über die Lippen. Du kriegst mit, wie du etwas ganz anderes sagst, als du sagen wolltest. Etwas, das gar nichts damit zu tun hat und das der Kleine nicht verstehen kann. Du machst einen zweiten Anlauf, aber es ist wieder das Gleiche. Außerdem klingt es, als hättest du eine schwere Zunge von Unmengen Schnaps und Bier.

»Was ist denn, Papa?«
»Nichts. Okay.«
»Dann lies mir doch was vor!«
»Später.«

Solche einzelnen Wörter gehen gerade noch.

Warum kann der Kleine dich nicht in Ruhe lassen? Warum kann er nicht in sein Zimmer gehen und die Schnauze halten? Er nervt! Immer wieder: »Lies mir doch was vor!« Morgens um halb sieben oder um neun oder wie spät es immer sein mag. Morgens Märchen lesen: Das haben wir noch nie gemacht. Enttäuscht zieht er ab in sein Zimmer. (Später wirst du denken: Wie gut, dass er genervt hat! Sonst hättest du dich deinem einzigen sehnlichen Wunsch hingegeben: Schlafen, schlafen!)

Aber nun bist du endgültig wach und dir im Klaren darüber, dass du etwas tun musst. Dir selbst helfen musst. Denn die merkwürdige Erscheinung geht offensichtlich nicht vorüber.

Du liegst auf dem Rücken und überlegst: Anrufen. Wen? Die Nachbarn. Wie gut, dass ihr damals beschlossen habt, auch neben dem Bett einen Apparat anzuschließen. Eigentlich war er nur für Ulrike gedacht, zu ihrer Beruhigung, denn sie hat es schon erlebt, von einem Verrückten überfallen und beinahe umgebracht worden zu sein. Auf dem Hörer steht, für alle Fälle, die Nummer der Nachbarn. Mit der intakten linken Hand versuchst du zu wählen. Aber du kannst ums Verrecken die Zahlen nicht erkennen. Ein Fehlversuch nach dem anderen. Kein Anschluss unter dieser Nummer, zwei- oder dreimal. Danach kommst du durch, aber es geht keiner ran. Dann Besetztzeichen. Endlich meldet sich jemand. Ist es die Nachbarin? Du versuchst zu erklären, was dir zugestoßen ist. Am anderen Ende der Leitung zuerst keine Reaktion. Dann: »Sind Sie besoffen am frühen Morgen?« Eingehängt.

In diesem Augenblick spürst du zum ersten Mal so etwas wie Panik. Du musst irgendwie raus aus dieser beschissenen Situation, und es ist niemand da, der dir helfen kann. (Später, viel später, wirst du überlegen: Warum hast du nicht sofort versucht, 110 zu wählen? Ja, warum? Das hattest du eben noch nie getan. Nur einige Male für andere, aber noch nie, um für dich selbst Hilfe zu holen.)

1 1 0.

Drei, vier Versuche, bis es klappt.

Du reißt dich zusammen, um wenigstens deinen Namen und deine Anschrift über die Lippen zu bringen. Mögen sie denken, du seist sternhagelvoll, sie sind schlimmeres gewöhnt.

»Wir kommen«, sagen sie.

Du streckst dich wieder auf dem Bett aus. Wie kann man bloß so groggy sein? Und wovon? Wie nach einem langen Langlauf in der Loipe. Jede kleine Bewegung erfordert einen heroischen Entschluss und eine energische Überwindung.

Es steht noch eine Hürde vor dir: du musst eine Etage tiefer zur Eingangstür und sie öffnen, damit der Notarzt zu dir kann. Du versuchst aufzustehen, aber sofort rotiert wieder der Kreisel im Kopf. Also aus dem Bett fallen lassen und kriechen! Noch eine neue Erkenntnis: Auch das rechte Bein ist gelähmt! Du versuchst zu robben bis zur Treppe. Das hast du ja beim Bund gelernt, allerdings mit gesunden Knochen. Jetzt musst du es seitwärts versuchen, wie man es von Krebsen kennt. Es geht. Es muss. Die Treppe hinunter! Wie? Du lässt dich einfach runterrutschen. (dein Rücken wird eine gute Woche lang ein großer blauer, grüner, gelber, schwarzer Fleck sein, aber was hättest du tun sollen?) Die Tür ist zum Glück nicht abgeschlossen heute Morgen, weil Ulrike ja schon aus dem Haus ist. Du klinkst auf und legst dich auf die Türschwelle, da können sie dich nicht übersehen. Plötzlich wird dir kotzübel.

Die Notärztin weiß offenbar, was du hast.

Durch das Blaulicht vor dem Haus ist die Nachbarin aufmerksam geworden und lässt sich von der Ärztin die Situation erklären. Sie kümmert sich um die Kinder, die in Schlafanzug und Nachthemd hinuntergelaufen sind und ratlos und verschreckt zuschauen.

In den Notarztwagen.

Wenn du so einem mit Blaulicht begegnet bist, hast du natürlich immer Platz gemacht, wie es nicht nur vorgeschrieben, sondern selbstverständlich ist. Aber du hast nie darüber nachgedacht, wer wohl da drinnen liegen mochte. Wer da gerade kämpfte, vielleicht ums Überleben. Jetzt fahren die anderen draußen an dir vorbei.

Eines kriegst du aber noch mit: Sie fahren ohne Sirene, ohne Martinshorn. Wenn es wirklich schlimm wäre mit dir, lebensgefährlich, dann würden sie bestimmt mit Krawall und Radau durch die Stadt preschen, um keine Minute zu vergeuden. (Später, als du dich mit dieser Krankheit beschäftigst, wirst du lernen: Viel zu viele Rettungssanitäter denken: Bei Schlaganfall kann man sowieso nichts mehr machen, da können wir uns Zeit nehmen. Viel zu viele!)

Krankenhaus. Notaufnahme. Du registrierst noch, dass sie dich auf einem Wagen in einen weißen Raum schieben, wo schon zwei oder drei Menschen liegen, an Schläuche angeschlossen. Gedämpfte Geräusche, fremde Gerüche, ein unangenehmes Licht.

Du denkst gerade noch beruhigt, dass dir nun nichts mehr passieren kann. Dann dämmerst du weg.

3. KAPITEL

Du wachst auf, weil jemand deine linke Hand berührt. Du schlägst die Augen auf und siehst, immer noch verschwommen, dass du in einem Krankenzimmer bist. Sowas kennst du nur aus dem Fernsehen und von Patientenbesuchen.

Es war also kein Alptraum. Leider. Es ist Wirklichkeit. Manchmal hast du derlei Dinge geträumt: Unfall, Überfall, Bombenangriff. Hautnah, zum Verwechseln ähnlich. Aber dann die schönen Momente des Aufwachens: Gott sei Dank bloß ein Traum!

Die Schwester, die deine Hand berührt hat, fragt dich, wie es dir geht.

Du versuchst deinen Arm zu bewegen: Fehlanzeige. Das Bein: Fehlanzeige.

»Es geht«, lügst du.

»Ein paar Angaben«, sagt sie und hält ihren Kugelschreiber bereit: Name, Geburtstag, Anschrift.

Das bekommst du zusammen.

»Welche Krankenkasse?«

Das wusstest du schon mal. Früher. Sie insistiert nicht.

»Der Name Ihrer Frau?« fragt sie.

Der Name deiner Frau.

Der Name deiner Frau?

»Den Namen Ihrer Frau. Vornamen. Sie sind doch verheiratet?«

»Ja.«

Du überlegst.

Du schüttelst den Kopf: weg. Der Name ist weg. Du hast deine Frau vor Augen, aber wie, verdammt nochmal, heißt sie?

»Wenn Ihnen der Name noch einfällt ... «

Die Schwester scheint wirklich nicht erstaunt. Sie zeigt dir den Klingelknopf, mit dem du sie rufen kannst, und geht aus dem Zimmer.

Der Name deiner Frau. Der Name deiner Frau.

Kann es sein, dass du so kaputt bist? Dass dir nicht mal der Name deiner Ehefrau einfällt, die dir am nächsten von allen Menschen steht?

Du grübelst und grübelst. Gehst das Alphabet durch, von A wie Anita und B wie Beate bis zum Ende, aber der Name ist nicht dabei. Oder war er dabei? Nochmal! C wie Christine, D wie Dagmar, E wie Elvira. Nach dem vierten Mal gibst du es auf.

Du schaust dich um in deinem Zimmer. Immer noch alles wie auf einem kubistischen Bild. Du kneifst abwechselnd das eine und das andere Auge zu, aber es sieht immer gleich aus. Du lässt den Blick langsam wandern und stellst fest, dass du auf beiden Augen in der rechten Bildhälfte überhaupt nichts siehst.

Das Bett neben dir ist frei. Zum Glück. Du könntest es jetzt nicht ertragen, jemandem antworten zu sollen. »Was haben Sie denn? Oh, da hat es Sie aber böse erwischt. Das hatte mein Schwiegervater auch. Er konnte nie wieder arbeiten.«

Aber was hast du überhaupt? Du weißt es immer noch nicht. Ist das Wort schon einmal gefallen? Im Krankenwagen oder auf der Intensivstation? Du klingelst nach der Schwester.

»Was habe ich eigentlich?« Immer noch wollen die Wörter nicht richtig vom Gehirn auf die Zunge.

»Einen Schlaganfall natürlich. Wussten Sie das nicht?«
»Woher?«
»Weil man das doch kennt«, belehrt sie dich.

Nein, das kanntest du nicht. Genauer gesagt: wusstest nicht, wie ein Schlaganfall sich bemerkbar macht. Dein Opa hatte sowas, als du noch ein Kleinkind warst, er ist auch daran gestorben. Mehr wusstest du nicht. Der dumme Spruch fällt dir ein, den du drauf hattest, wenn dir jemand in den Mantel helfen wollte: Danke, nicht vor dem ersten Schlaganfall! Jetzt ist es also so weit.

»Der Doktor erklärt es Ihnen bei der Visite.«

Ah ja. Visite. Nun bist du in den Medizinbetrieb integriert. Visite. Abendessen. Nachtruhe. Morgens um halb sechs oder so werden sie dich wecken, Blut abnehmen, Blutdruck messen, Temperatur, sonst was. Seit wann hast du nicht mehr im Krankenhaus gelegen? Seit den Mandeln vor einem halben Leben. Es hat dich auch nie mehr dorthin gezogen. Hast nur widerwillig deine Pflicht getan und Patienten besucht. Ein Ambiente, das dich krank machen würde, wenn du es nicht schon wärst, wenn du eingeliefert wirst.

In deiner Armvene steckt eine Nadel, ein Schlauch führt zu einer Infusionsflasche, die an einem Galgen neben dem Bett hängt. Wahrscheinlich heißt alles ganz anders, du hast keine Ahnung.

Du bist müde, schlagkaputt. Alles macht dich offenbar fertig, sogar herumzuliegen und an die Decke zu starren. Du fühlst dich, wie sich einer nach einem Marathonlauf fühlen muss. Aber du kannst ja schlafen.

Wieder eine Hand. Jemand weckt dich. Zärtlich. Diesmal ist es sie, deren Name dir nicht einfiel. Als du sie siehst, ist der Name wieder da.

»Hey, was machst du denn für Sachen?« Sie versucht fröhlich zu wirken.

»Scheiße«, sagst du. Ein einfaches Wort.

»Ich habe schon mit dem Doktor gesprochen, weil du noch geschlafen hast. Du bist ja gerade mal davongekommen.«

Daran hast du noch gar nicht gedacht: dass es so ernst war. Dieses komische Ding, dessen Name du schon wieder vergessen hast, hätte demnach das Aus bedeuten können. Die rote Karte.

»Was habe ich?« fragst du.

»Einen Schlaganfall.«

Richtig, so hieß das Wort.

»Erstmal kriegst du ein Einzelzimmer«, sagt sie, »wozu zahlen wir jahrelang die teure Zusatzversicherung.«

Sie setzt sich auf die Bettkante und lächelt. (Später wird sie dir sagen: Ich hätte heulen mögen, als ich das sah. Das Gesicht. Die rechte Wange schlaff herunterhängend. Das Auge. Ein schrecklicher Anblick. Aber was sollte ich sagen?)

»Die Kinder sind okay. Der Kleine hat mir erzählt, du seist heute Morgen ganz komisch gewesen. Wolltest ihm nichts vorlesen. Er hatte schon Angst, dass du ihn nicht mehr magst. Aber ich habe ihnen alles erklärt. Morgen werden sie dich besuchen kommen.«

»Kannst du dir vorstellen«, holperst du, »dass ich deinen Namen vergessen hatte?«

Sie hat dich nicht verstanden. Nicht verstehen können. Du wiederholst: »Ich ... hatte ... deinen ... Namen ... vergessen.«

Sie lächelt: »Ich schreibe ihn dir auf.«

Mein Gott, ist sie nicht toll?

Der Professor kommt. Höchstpersönlich. Zusatzversicherung!

Du habest wirklich viel Glück gehabt. Es sei ganz schön eng gewesen.

Du nickst. Er wird es wissen.

Sie können im Augenblick nichts weiter tun als diese Infusion. Das Gerinnsel im Gehirn muss sich auflösen. Ab Montag wollen sie alle Untersuchungen machen.

Du nickst dankbar. Der Mann macht den Eindruck, als könntest du dich auf ihn verlassen. Das willst du nämlich auch. Du willst nicht überlegen, ob er der richtige ist in deiner Situation oder ob du besser wechselst und einen anderen konsultierst. Umziehst in eine andere Klinik. Du willst glauben, dass hier das Beste, das einzig Hilfreiche für dich getan wird.

Dein neues Zimmer. Sie schieben dich mitsamt deinem Bett hinüber. Wenn du willst, kannst du jetzt deinen eigenen Schlafanzug anziehen, musst nicht mehr dieses blöde Krankenhausnachthemd tragen, das du als menschliche Entwürdigung empfindest. Als ob das jetzt wichtig wäre. Oder ist es vielleicht doch wichtig? Es dauert etwas, bis du mit deinen schlaffen rechten Gliedmaßen den Weg in Ärmel und Hosenbein gefunden hast und wieder an die Infusion angeschlossen bist.

Die Aktion hat dich fertig gemacht. Groggy. Du möchtest jetzt allein sein. Keiner soll dich etwas fragen, keiner dir etwas erzählen. Du musst erstmal versuchen zu verstehen.

Ulrike sitzt wieder an deinem Bett: »Hast zu viel getan. Irgendwann musste sowas kommen.«

»Ich weiß.«

»Soll kein Vorwurf sein. Bloß eine Erklärung.«

Allein sein. Nichts mehr sagen oder antworten müssen. Allerdings, wenn du dich zu allein fühlst, soll jemand da sein und deine Fragen beantworten.

Sie scheint deine Gedanken zu erraten: »Du musst jetzt mal allein sein. Aber du weißt, wo ich bin. Bis morgen«, sagt sie und gibt dir einen Kuss auf die Wange. Auf die linke, damit du es auch spürst.

4. KAPITEL

Du wachst auf. Folglich hast du schon wieder geschlafen. Wie kann ein Mensch den ganzen Tag verdösen? Man sagt ja, wenn es einem besonders dreckig gehe, dann rette sich der Körper in den Schlaf. Es ist sehr ruhig, vor deinem Fenster dunkel, also muss es Abend sein.

Du schaust dich um in deinen vier Wänden, mühsam immer noch, da alle Bilder aussehen wie zerlegt und nicht wieder zusammengesetzt. Kalkweiß die Wände. Kalt weiß. Warum nicht lindgrün oder sonst irgendwie beruhigend? Da gibt es doch Untersuchungen über das Wohlbefinden von Patienten, vor Jahren schon habt ihr Berichte darüber gesendet. Ein gerahmter Druck an der Wand, ein geläufiger August Macke, Damen mit Hüten vor einem Schaufenster, das wird gern genommen für sowas. Macke, fällt dir auf, hat die Welt so ähnlich zerlegt dargestellt, wie du sie siehst.

Auf dem Nachttisch ein Telefon. Sollst du zu Hause anrufen? Oder lieber warten, dass du angerufen wirst? Heute Abend wolltet ihr mit Freunden, die ihr länger nicht gesehen habt, essen gehen. Zwei Monate hattet ihr die Verabredung schon geschoben, immer kam etwas dazwischen, bei den Freunden oder bei euch, alles Leute mit unregelmäßiger Arbeit. Zu Marcello wolltet ihr, eurem italienischen Stammlokal, von dem ihr sagt, es sei euer zweites Wohnzimmer. Die Ribollita wolltest du mal wieder essen, falls es sie heute gab, dann die Fegatini, die bei Marcello klein, aber riesig sind.

Hinterher Pannacotta und dann die routinemäßige Frage, ob Marcello einen halbwegs anständigen Espresso machen könne. Es ist bekannt, dass er den besten macht. Zum Abschluss der Padrone mit der Grappaflasche, auch der beste natürlich. Am Freitagabend mit Ulrike und Freunden das Wochenende einzuläuten mit einem Essen bei Marcello, das entschädigt umgehend und gründlich für eine hektische Woche und allen Ärger der Welt.

Stattdessen bringt dir eine Schwester, eine neue, wohl die Nachtschicht, ein Tablett mit Graubrot, Aufschnitt, Schnittkäse, Gewürzgurke, Pfefferminztee. Du ziehst ein langes Gesicht, als hätte dich eine grausame Realität eingeholt.

»Keinen Appetit?« fragt sie.

Du schüttelst den Kopf: »Aber ich müsste mal.«

Sie holt aus deinem Nachtkasten die berühmte Bettflasche. Der erwartete Kampf beginnt. Schon für einen Gesunden muss die Bettflasche ein Teufelsgerät sein. Aber du hast eine gelähmte Hälfte und am anderen Handgelenk einen Schlauch. Du zerrst und zielst, es wird nichts. Du klingelst.

»Eigentlich sollen Sie aber nicht aufstehen.«

»Dann platze ich.«

Sie hat ein Einsehen. Sie stöpselt dich von der Infusion ab und hilft dir aufsitzen. Dann hoch auf das linke Bein. Sie stützt dich, sowas hat eine Schwester gelernt. Du hüpfst zum Badezimmer.

Nach der Aktion tastest du dich über die Gewürzgurke an eine Scheibe Brot mit Aufschnitt heran, kaust mit langen Zähnen. Es ist gar nicht so einfach, alles mit links zu machen, nicht mal schnell mit der anderen zugreifen zu können, wenn was runterfallen will. Fegatini wolltest du essen heute Abend! Ob Ulrike jetzt mit den Freunden bei Marcello sitzt?

Du überlegst, denn etwas anderes gibt es in diesem Zimmer nicht zu tun. Morgen wolltet ihr mit den Kindern einen Ausflug in den Rheingau machen, vielleicht den letzten des Jahres, es ist ja Ende Oktober. Einmal mit der Fähre über den Rhein setzen und zurück, das Riesenerlebnis für zwei kleine Mäuse. Im Schloss Vollrads können dann die Eltern in Ruhe ihren Riesling trinken, indes die Kinder mit anderen ungefährdet auf dem großen Rasen toben. Das war für morgen vorgesehen.

Übermorgen, am Sonntag, wolltest du nach Leipzig fahren. Nach Leipzig, wo gerade Revolution ist. Montagsdemonstration.

Leipzig ist deine Heimatstadt. Seitdem ihr von dort geflüchtet seid, »weggemacht«, wie die Sachsen sagen, seit 1953 also, warst du viele, viele Male zu Besuch. Hast den langsamen, dann immer schnelleren Niedergang beobachtet. Hast einen Film über Leipzig gemacht, der ein bisschen mehr von dem Verfall zeigte, als er hätte zeigen sollen. Der »Betreuer« hatte ein paarmal weggeschaut oder die Augen zugedrückt, was dich wunderte, denn das musste ja Schwierigkeiten geben. Der Film missfiel der SED-Bezirksleitung dermaßen, dass du seither Arbeitsverbot für deine Heimatstadt hattest. Und dann dein Roman! Viele Nicht-Leipziger haben fast alles, was sie über die Stadt wissen, aus diesem Buch erfahren. Und in Leipzig selbst ging *Für'n Groschen Brause* wie eine subversive Schrift von Hand zu Hand, eingeschmuggelte Exemplare eines verbotenen Buchs.

Jetzt ist Revolution, und du gehörst dorthin! Aber du liegst im Krankenhaus. Wie lange?

Du testest deinen Zustand. Du fixierst die wenigen Gegenstände in deinem Zimmer. Mit großer Anstrengung gelingt es dir, Bilder festzuhalten. Könntest du, wenn es sein muss, mit so etwas leben? Du bist ja nicht Kameramann, sonst wäre es aus und vorbei. Du musst dir die Bilder nur vorstellen können und den anderen sagen, was du dir vorstellst. Das kannst du. Dazu machst du das lange genug, und ein gewisses Talent hast du dir von Anfang an nicht abgesprochen.

Sprechen. Du sagst Sätze. Einfache Sätze. Langsam. Laut vor dich hin. Es hört ja keiner zu. Es hakt. Die Zunge will nicht wie der Kopf. Und du stellst fest, dass sich immer wieder Wörter in deine Gedanken einschmuggeln, die keinen Zusammenhang ergeben. Das macht dir mehr Sorgen als das andere. Denn dein Beruf hat zu tun mit Formulieren, Artikulieren, Gedanken ausdrücken. Wenn du das verlernt hast, kannst du aufgeben!

Du testest dein Gedächtnis. Namen aus deiner Umgebung. Zu manchem Gesicht fällt dir kein Name ein. Aber ging dir das nicht schon immer so? Oder immer öfter? Und den anderen ebenfalls? Wie heißt deine verdammte Krankheit? Gerade noch hat man es dir gesagt!

Der rechte Arm ist ohne Gefühl und gehorcht dir nicht. Er liegt auf der Bettdecke, manchmal rutscht er unbemerkt herunter und hängt aus dem Bett. Du suchst ihn mit der gesunden Hand, findest ihn irgendwo, er ist kühl, du legst ihn wieder an seinen Platz, spürst aber nicht, wo er ist.

Das Bein. Das musst du noch einmal probieren. Du setzt dich auf den Bettrand, musst dabei auf den Infusionsschlauch aufpassen. Du stellst dich vorsichtig auf das gesunde Bein, versuchst das Gewicht zu verlagern. Ist da schon etwas Gefühl? Nein, du gerätst ins Schwanken, kannst dich gerade noch auffangen.

Gib solche Experimente auf, und mach dich wieder lang!

Die Nadel für die Infusion ist verschoben, du klingelst nach der Schwester.

»Wie lange muss ich hier bleiben?«

»Das kann man noch nicht sagen. Wenn Sie Glück haben, nur ein paar Wochen. Sonst länger.«

»Und dann?«

»Je nachdem. Jedenfalls müssen Sie danach in die Rehabilitation. Vier oder sechs Wochen. Das ist jedenfalls die Regel. Aber das sagt Ihnen alles der Professor, wenn es soweit ist.«

Sie richtet die Infusion und nimmt das Tablett mit.

Aha, das sagt dir alles der Professor, wenn es soweit ist. Und wann ist es soweit? Du musst begreifen, dass du erstmal auf Null reduziert bist. Dass du Warteschleife fliegst. Tatenloser Beobachter eines Vorgangs bist, in dessen Mittelpunkt du selbst stehst.

Du willst über diese Frage nachdenken, aber schon wieder fallen dir die Augen zu. Und der Name deiner verdammten Krankheit fällt dir schon wieder nicht ein.

Das Telefon.

»Na, wie isses?«

»Beschissen.«

»Es wird werden. Hauptsache erstmal am Leben.«

»Jaja. Aber wenn es so bleibt … «

»Ich liebe dich, so und so.«

Das ist ein großes Wort.

»Hallo!« ruft sie, »bist du noch da?«

»Ja. Wart ihr bei Marcello?«

»Wo denkst du hin!« (Später wird sie dir sagen, dass sie den ganzen Abend geheult hat und nur am Telefon versucht hat, heiter zu klingen.)

Wieder allein, denkst du: Und wenn es nun alles wirklich so bleibt, wie es ist? Wäre es dann nicht besser gewesen … Man soll so einen Gedanken nicht voreilig denken. Du hast ihn auch noch nie gedacht, höchstens damals, in dieser niedergedrückten Stimmung, als dein Kind starb. Und gibt es nicht Unzählige, denen es noch viel schlimmer geht? Aber jetzt schleicht er sich an, der Gedanke, ohne dass du es verhindern kannst.

Du wachst wieder einmal auf, weil jemand dich anspricht. Es ist der Professor. Mein Gott, er muss einen endlosen Arbeitstag haben.

»Wie fühlen Sie sich?«

Du kannst diesmal nicht sagen: beschissen.

»Kaputt«, sagst du.

Er nickt, als wolle er sagen: Sind sie ja auch.

»Wie lange«, versuchst du zu fragen: »Wie lange geht das?«

»Das weiß man nicht. Sie sind ja noch nicht sehr alt, da können Sie Glück haben. Aber ein paar Monate werden Sie schon außer Gefecht sein.«

Du müsstest ihn jetzt fragen, was es mit dieser Krankheit überhaupt auf sich hat. Was da geschehen ist in deinem Kopf. Aber du hast das Gefühl, dass du das gar nicht so genau wissen willst. Das Gefühl, dass es dich mehr beunruhigen würde, es zu wissen, als ahnungslos zu sein und zu vertrauen. Außerdem werden sie es dir so oder so erklären.

»Die Augen?« fragst du.

»Nicht die Augen«, korrigiert er, »die sind in Ordnung. Der Sehnerv ist getroffen. Aber das kann sich am ehesten regenerieren.«

Am ehesten – was immer das heißen mag für das andere.

»Ich habe Sie bei diesen Wahlsendungen gesehen«, sagt er.

Du nickst, geradezu dankbar, dass er sich abwendet von den beunruhigenden medizinischen Fragen.

»Sie machen das schon lange?«

Du rechnest: »Acht Jahre.«

Du denkst, dass er jetzt eigentlich sagen müsste: Das können Sie auf jeden Fall wieder machen. Aber das sagt er natürlich nicht. Es wäre auch unverantwortlich. Er wünscht dir eine gute Nacht.

Acht Jahre, denkst du, noch nicht so furchtbar lange. Aber die Leute im Lande, viele jedenfalls, vielleicht sogar die meisten, haben dich schon mal gesehen in dieser Rolle und dir zugehört, sogar geglaubt, denn eure Zahlen waren immer gut. »Richtig, sind Sie nicht der mit den Prozenten?« Aber jetzt ist damit vielleicht Schluss. Ein Moderator mit gelähmtem Arm und Bein mag ja noch angehen, es gibt technische Hilfsmittel. Aber einer, der nicht mehr richtig sehen kann, der nicht mehr richtig reden kann und der sich nicht mehr richtig erinnern kann? Das wäre dann das Ende eines Moderators.

Das Telefon.

»Ich wollte dir noch richtig gute Nacht sagen.«

»Schön.«

»Die Kinder schlafen. Sie haben allen erzählt, was ihrem Papa passiert ist. Fast klingt es, als wären sie mächtig stolz darauf. Wie gesagt, morgen kommen sie dich besuchen.«

»Schön.«

»Ich merke, du bist müde. Gute Nacht.«

Schlafen, um nicht mehr denken zu müssen. Das kennt man, das hat jeder schon erlebt. Einen Schnaps bräuchte man dafür. Oder wenigstens ein Bier. Gibt es aber nicht.

5. KAPITEL

Blauer Himmel und Wintersonne, das Madloch vom Zürsersee nach Zug, sonst so haarig, heute butterweich. Ist denn schon wieder Februar, kann die Zeit so gerast sein? Die Piste ist super diesmal, vor allem für einen mittelmäßigen Fahrer wie dich. Knirschender Neuschnee unter den Skiern, prickelnde Kristalle auf der Haut, ein Tag wie aus dem Hochglanzprospekt der Arlberger Fremdenverkehrswerbung. So hast du es gern, denn du bist eben kein Ass, bloß ein Spätanfänger und Gelegenheitsfahrer, zwei Wochen pro Winter, manchmal ist die Hälfte der Zeit auch noch Nebel und Schneetreiben, so dass dich keiner rauskriegt, also, was soll da schon werden? Wenn die Kinder erstmal loslegen, werden sie dir nach zwei, drei Wintern davonstieben.

»Guten Morgen!«

Das Licht geht an und blendet dich.

Wieso? Wer? Wo?

Fröhliche Stimme: »Einmal Fieber messen, der Herr.«

Sie schiebt dir das Ding unter die Achsel und ist schon wieder draußen, lässt das Licht brennen. Du scheinst in einem Krankenhaus zu sein. Ja, kein Zweifel. Warum hat dich dein gemeiner Traum ausgerechnet in den Schnee entführt, in die Sonne, das ist doch Berechnung gewesen.

Es ist bestimmt noch nicht sechs, warum musst du jetzt dein Fieber messen? Damit die Nachtschicht pünktlich übergeben kann? Ja, das hast du oft gelesen in kritischen Artikeln, und ihr habt selbst darüber berichtet: Der Patient ist ein Rädchen im Getriebe, und wenn das Rädchen knirscht, stockt das ganze Getriebe. Das müsse anders werden, wurde hundertmal geschworen, aber ohne Folgen. Nein, du bist hier offensichtlich nicht die Hauptperson.

Warum, verdammt, bist du überhaupt hier? Gestern Morgen bist du doch noch zu Hause aufgewacht. Was ist seither vorgefallen? Irgendetwas muss dir zugestoßen sein, sonst wärst du nicht in diesem kahlen Zimmer.

Du willst das blöde Thermometer zurechtrücken, mit der rechten Hand unter der linken Achsel, aber das geht nicht. Du hast offenbar keine rechte Hand. Du kennst die Beschreibungen von Kriegsverwundeten, die im Lazarett aufwachen und ganz langsam begreifen, dass ihnen etwas fehlt, eine Gliedmaße abhanden gekommen ist. Du schaust dich um, dein Arm ist zum Glück noch da. Du kannst ihn bloß nicht bewegen. Er hängt über den Bettrand, du holst ihn hoch und legst ihn auf die Brust. Das Fieberthermometer ist rausgerutscht. Du hast sowieso kein Fieber. Sie sollen dich doch in Ruhe lassen.

In der Vene deines linken Arms steckt eine Nadel, an einem Galgen hängt kopfüber eine Plastikflasche, aus der ein Schlauch kommt, in den es in Zeitlupe tropft. Das wird seinen Sinn haben.

Die Schwester. Zum Glück nimmt sie dir nicht übel, dass das Thermometer rausgerutscht ist.

»Wie ist es mit Stuhlgang und so?«

»Nur pinkeln«, sagst du und bereust sofort das harte Wort. Wie mag das hier korrekt genannt werden?

Sie greift unters Bett und holt das bekannte Gefäß hervor, mit dem du doch nicht umgehen kannst. Das musst du nun jedes Mal erklären, jeden Tag, den du hier bist.

Auf dem Rückweg schaust du in den Badezimmerspiegel, den du gestern nicht bemerkt hast: Ach, du kriegst die Motten! Wie siehst du denn aus? Die eine Wange hängt kraftlos. Und lässt sich nicht bewegen. Du versuchst sie mit der Hand hochzuschieben, aber sie bleibt nicht dort, wo du sie hinschiebst. Jaja, solche Bilder kennst du. Soll das so bleiben? Schau am besten nicht hin! Das bist nicht du.

Ins Bett zurückgehüpft.

»Sie sollten doch klingeln.«

»Hab ich vergessen.«

Frühstück, naja. Denk nicht immer an zu Hause, wo es samstags zum Frühstück frische Croissants mit Quittengelee gibt und sonntags Weißwürste und Weizenbier. Müsstest ohnehin abnehmen, immer, lebenslänglich.

Nach wie vor unbeantwortet ist die Frage, warum du überhaupt hier bist. Es muss etwas geschehen sein. Man steckt keinen Menschen grundlos in ein Krankenzimmer. Und dass du ziemlich kaputt bist, ist nicht zu übersehen. Der Arm. Das Bein. Das Gesicht. Die Bilder vor deinen Augen. Deine betrunkene Aussprache. Und dass du dich nicht erinnern kannst.

»Was habe ich?« fragst du, als die Schwester das halb volle Tablett abräumt.

»Einen Schlaganfall«, sagt sie geduldig.

»Aha.«

Schlaganfall. Schlaganfall. Schlaganfall. Wenn du ein Blatt Papier und einen Kugelschreiber hättest, würdest du das Wort aufschreiben, mit links.

Die Tür geht auf: Ulrike kommt.

Sie strahlt: »Weißt du noch, wie ich heiße?«

Ist sie nicht toll?

»Einen schönen Gruß von allen möglichen. Deine Mutter ist völlig geschafft von der Nachricht, aber sie will morgen anreisen. Alle wünschen dir gute Besserung. Naja, was sollen sie sonst tun.«

»Danke.«

»Weißt du, was du hast?«

Du überlegst. Das Wort ist schon wieder weg. (Später werden dir die meisten nicht abnehmen, dass man ein einfaches Wort wie ›Schlaganfall‹ zwanzigmal am Tag vergessen kann. Und wenn du dich nicht genau daran erinnern würdest, könntest du es dir auch nicht mehr vorstellen.)

»Ich male dir ein Schild und pinne es an die Wand.«

Wenn du jetzt allein wärst, wenn du nicht diese Verbindung zum Leben hättest, würdest du sofort verzweifeln.

»Ruh dich aus«, sagt sie, »ab Montag werden sie dich nämlich durch die Mangel drehen. Ursachen suchen. Übungen mit dir machen. Gymnastik. Schreiben. Lesen. Gedächtnis. Kombinationsspiele. Ich habe mich genau erkundigt. Du wirst dich hier nicht langweilen. A propos: Willst du einen Fernseher?«

Wozu einen Fernseher? Du kannst sowieso nicht richtig sehen. Andererseits, so ein Fenster zur Außenwelt lenkt ab, du fühlst dich nicht ganz abgeschnitten. Gerade jetzt, wo drüben, in Leipzig und Dresden und Ostberlin, Geschichte stattfindet.

»Ja, einen Fernseher.«

Du bist schon wieder müde. Du hast dir nie vorstellen können, dass du von nichts und wieder nichts bleischwere Augenlider bekommst. Sie verabschiedet sich, bis nachmittags. Sie hat am Samstagvormittag tausenderlei zu erledigen. Der Alltag draußen geht ja weiter, auch ohne dich.

Du versuchst dir vorzustellen, was die einen und die anderen jetzt tun. Stinkbürgerliche Tätigkeiten. Auf dem Markt einkaufen. Von Stand zu Stand bummeln. Mit dem vollen

Korb im Ratskeller einkehren auf ein Bier, es wird dort unten gebraut, nach uralter Väter Sitte, trüb, aber würzig. Eine Runde Tennis spielen, samstags ist Zeit dazu, aber auch schwer ein Platz zu kriegen. Mit den Kindern in den Park, mit dem Kleinen Radfahren üben. Den Rasen mähen, das letzte Mal vor dem Winter. Mittags auf eine Pizza. Na gut, du bist ausgeklinkt. Das wäre nicht schlimm – wenn alles wieder gut würde.

Bloß so einen Blödsinn wie heute Morgen möchtest du nicht mehr träumen.

6. KAPITEL

Du wachst auf, weil eine kleine weiche Pfote behutsam deine Hand berührt.

»Papa.«

Zwei blaue Augen gucken dich erwartungsvoll und ein bisschen ängstlich an. Du liest die Gedanken: Der sieht ja fast so aus wie immer. Bloß das Gesicht, naja, schon ein bisschen komisch. Aber die Pfote wird zutraulicher.

Der große Bruder, fast schon fünf, versucht sich männlich zu geben, reicht dir unerschrocken die Hand, aber auch ihm ist Unbehagen anzumerken. Er erinnert sich auch nur an einen einzigen Krankenhausbesuch, damals, zur Besichtigung des nagelneuen Schwesterchens.

Du holst tief Luft und versuchst eine Frage zu stellen, ohne zu stottern und zu stümpern: »Was ... habt ... ihr ... gestern ... gemacht?«

Sie haben im Kindergarten, als sie verspätet eintrafen, wichtig erzählt, wie das Auto mit dem Blaulicht vor der Tür gehalten hat und drei Menschen in weißen Kitteln herausgesprungen sind und eine Trage bei sich hatten und wie sie die Trage mitsamt dem Papa wieder hineingeschoben haben und abgebraust sind, aber leider ohne Tatütata, das wäre besonders toll gewesen. Die anderen Kinder müssen trotzdem beeindruckt gewesen sein, weil sie sowas noch nie hatten, und die beiden genossen einen großen Auftritt vor einer andächtig lauschenden Gemeinde.

»Musst du lange hier bleiben?« fragt die Kleine.
Du nickst.
»Für immer?«
Du schüttelst den Kopf.
»Kannst du deinen Arm schon bewegen?« erkundigt sich der Bruder.

Du hebst ihn mit dem anderen hoch und lässt ihn wieder fallen.

»Mach nochmal«, sagt er.

Aber wir sind ja nicht im Zirkus.

Ulrike hat den Fernseher mitgebracht und macht sich mit dem Antennenkabel zu schaffen.

Ob du das Ding überhaupt hier haben willst, denkst du nochmal. Es ist doch jetzt sowieso alles gleichgültig. Du bist doch ausgeklinkt aus dem Leben. Für lange Zeit, hoffentlich nicht für immer. Und solange du das nicht weißt, wirst du große Mühe haben, dich für anderes zu interessieren.

»So, nun kannst du heute deine Bundesliga schauen«, sagt sie.

Nett gemeint.

»Und natürlich eure Revolution«, fügt sie hinzu.

Sie sagt das so flapsig wie alles, das verstehst du gut, um nur ja keine Wehleidigkeit aufkommen zu lassen. »Eure Revolution«: Die geht ihr nicht ganz so nah wie dir, aber auch sie hat es als Kind miterlebt, aus der »Zone« zu fliehen in eine ganz und gar ungewisse Zukunft. Alles stehen und liegen lassen, von den Freunden nicht verabschiedet, mit dem Wartburg nach Berlin, mit der S-Bahn auf und davon über die Grenze! Der Wartburg war nicht das einzige Auto, das irgendwo um den Bahnhof Friedrichstraße herrenlos gefunden wurde, damals, kurz vor dem Mauerbau. »Eure Revolution«.

Die Kinder haben rasch das Interesse an den Gebrechen ihres Erzeugers verloren, zumal diese äußerlich nicht sehr eindrucksvoll sind, im Kindergarten lässt sich kaum damit Eindruck machen. Sie inspizieren das Krankenzimmer, das in seiner Kargheit auch nichts Aufregendes bietet, dann machen sie sich auf, die Station zu erkunden. Um Schokolade abzustauben, denkst du, ist hier nicht der Ort. Höchstens Knäckebrot.

»Ganz schöne Scheiße«, formulierst du, als du mit Ulrike allein bist.

»Du bist aber selbst Schuld.«

Oha! Redet man so mit einem Patienten? Einem Akutpatienten in diesem Zustand?

»Du bist selbst Schuld«, wiederholt sie. »Das willst du nicht hören, aber ehe du obendrein noch einen Moralischen kriegst, musst du klipp und klar erkennen: Das warst du selbst. Noch eine Sendung, noch einen Film, noch ein Interview, noch ein Buch, noch eine Diskussion. Bloß nie nein sagen! Solche erwischt es eben.«

Das wollen wir mal abwarten! Noch haben die Untersuchungen nicht mal begonnen, noch ist Wochenende, Klinikhalbschlaf. Ab Montag nehmen sie dich in die Mangel. Dann werden wir ja sehen.

Doch was sollst du dir eigentlich wünschen als Ergebnis? Dass du ein paar messbare körperliche Macken hast, die nicht zu reparieren sind? Oder nur durch komplizierte, riskante Operationen? Mit viel Chemie vielleicht? Oder willst du lieber doch das Ergebnis hören, dass du dich nur hineingeschafft hast?

Das bisschen Denken und Reden hat dich schon wieder erschöpft. Deine Familie bricht auf, die Kinder brauchen Fez und Bewegung.

»Halt die Ohren steif!« Küsse und Küsschen.

Du verschläfst das Abendessen, wachst spät nochmal auf. Samstagabend. Da ist alle Welt auf den Beinen. Essen. Kino. Theater. Oder in angenehmer Gesellschaft daheim. Neidisch bist du auf die ganze Welt. Eifersüchtig auf alle. Wütend auf dich.

Das Aktuelle Sportstudio. Mal sehen, ob es dich vielleicht doch interessiert. Die Eintracht. Wann warst du zum letzten Mal im Waldstadion? Früher, ganz früher, hast du kein Fußballspiel im erreichbaren Umkreis ausgelassen. Bei Chemie Leipzig, DDR-Meister damals, die Aufstellung weißt du noch heute auswendig. Dann bei Hannover 96, Deutscher Meister im legendären Endspiel gegen Kaiserslautern. An der Grünwalder Straße bei den Löwen und den Bayern. Der Radi mit seinen bejubelten Ausflügen aus dem Tor bis weit über die Mittellinie. Der erste Auftritt von Gerd Müller, über den die Gestandenen auf den Rängen sich schimmelig lachten, weil er wie eine Ente mit dem Steiß wackelte, aber dann drehte er sich blitzschnell um die eigene Achse und machte Bumm und nochmal Bumm, und die Leute jubelten. Und der junge Beckenbauer natürlich, bei dessen ersten Auftritten die Fachleute auf den Stehrängen mit der Zunge schnalzten und prophezeiten: »Der Bua werd fei guat!« Du warst ein Fußballverrückter. Aber nein, heute Abend willst du nichts davon wissen.

Raus willst du. Eifersüchtig bist du auf die da draußen. In den Lokalen. Im Kino. Auf der Straße.

Und immer derselbe Gedanke: Wenn das alles nun so bleibt? Der Arm, die Hand, das Bein, das Sehen, das Sprechen, das Gedächtnis. Leben kannst du damit, keine Frage. Viele leben mit so etwas oder mit schlimmerem. Querschnittgelähmt nach einem Autounfall. Oder denk an deine

Cousine, spastisch gelähmt seit der Geburt, ein ganzes Leben im Liegen und im Rollstuhl. Alles viel schlimmer.

Aber du willst nicht dauernd vergleichen, um dich abzufinden.

Du knipst das Licht aus und denkst nach. Was hast du falsch gemacht? Zu viel gewühlt, geackert? Zu verbissen gewollt? Immer alles von jetzt auf gleich. Hast dich nicht damit zufrieden geben wollen, dass der ständige Wechsel von Erfolg und Misslingen das Normalste der Welt ist. Händeschütteln und Tritt in den Hintern. Ganz kurz nacheinander. Immer wieder von vorn.

Du hast also bloß eine Quittung für etwas bekommen, das du falsch gemacht hast. Ob du glimpflich davonkommst?

Du machst nochmal Licht und greifst zum Telefon. Ein bisschen besser, bildest du dir ein, kannst du die Tasten schon erkennen.

»Schön, dass du anrufst. Ich habe am Klingeln gemerkt, dass du es bist.«

Sie sagt nicht dazu, was sie wahrscheinlich meint: dass du nicht warten und warten sollst, sondern tun. Selbst anrufen zum Beispiel.

»Ich glaube, du hattest Recht«, sagst du.

»Womit denn nun schon wieder?«

»Mit der Quittung, die ich gekriegt habe.«

Ihr wünscht euch eine gute Nacht.

7. KAPITEL

J unge! Was machst du denn für Sachen?«
»Tja!«
Was sollst du sonst sagen?
Du spürst, dass die Situation nicht normal ist. Normal ist, dass Söhne und Töchter ihre betagten, hinfälligen Eltern im Krankenhaus besuchen. Umgekehrt ist es nicht normal. Du musst dich dafür nicht rechtfertigen oder gar entschuldigen, aber das Gefühl, dass da etwas nicht stimmt, lässt sich nicht verdrängen.
»Wie fühlst du dich denn?«
Immer noch müsstest du wahrheitsgemäß antworten: beschissen! Aber du sagst: »Es geht schon. Es wird schon werden.«
Sie soll sich ja keine Sorgen machen. Hatte genug in ihrem Leben, es lässt sich kaum aufzählen. Jahrgang 1914: Das sind genau diejenigen Frauen, die beim zweiten Krieg noch zu jung waren, um schon ein richtiges Leben gelebt zu haben, aber danach vor Schutt und Trümmern standen, in jeglicher Bedeutung der Wörter. Und vor Gräbern, nicht zu vergessen. Meistens symbolisch gesprochen, denn wenn es schon richtige Gräber gab mit Kreuz und Namen, dann meistens so weit weg von zu Hause, dass man sie nicht besuchen konnte in jener Nachkriegszeit.
Also soll sie sich bitte keine Sorgen um dich machen!

Aber sie macht sich natürlich welche, wie denn nicht?
»Woran lag es denn?«
Wenn du das wüsstest! Ab morgen kommst du in die medizinische Mangel, vielleicht weißt du es hinterher, vielleicht nicht. Noch immer kannst du dir den Namen deiner Krankheit nicht merken, es ist wirklich wie verhext. »Meine Krankheit«, sagst du einfach. Oder: »Das Ding«. Als wenn du einem Bekannten begegnetest, dessen Namen nicht zu kennen furchtbar unhöflich ist. Dein Kollege Horst Schättle, erinnerst du dich, ging in solchen Fällen immer mit ausgebreiteten Armen auf den/die namenlose Bekannte(n) zu mit dem Ausruf: »Hallo, beste(r) Freund(in)!« Also: diese Krankheit.

Ihr müsstet jetzt darüber sprechen, dass dein Großvater es hatte. Aber natürlich spricht deine Mutter dieses Thema nicht an. Ihr Vater hatte es mehrfach und ist mit 62 daran gestorben, noch ehe der Krieg sein Lebenswerk zerstörte. Du erinnerst dich verschwommen an ihn. Du weißt, was für ein großartiger Mann er war. Du hättest ihn für dein Leben gern kennen gelernt, richtig kennen gelernt, nicht nur die Erinnerung bewahrt, wie er dich auf den Arm nahm und an seine stopplige Wange, wenn er abends aus seiner Firma kam. Kann es sein, dass er dir etwas vererbt hat?

Ach ja, und Onkel Jochen. Dein Lieblingsonkel. Der verrückte Kerl, der immer gegen alles war, wofür er hätte sein sollen. Ein wirkliches schwarzes Schaf der Familie. Der sensible und gebildete Mensch, der Doktor, der seine Patienten am meisten mochte, wenn sie möglichst schlichte Gemüter waren, »eenfache Arbeeder«, mit denen er bei Bier und Skat in der Kneipe in breitestem Sächsisch reden konnte. Er hat dir viel übers Leben erzählt, damals, als sie ihm wegen Morphium die Fahrerlaubnis entzogen hatten und du ihn mit seinem Moskwitsch durch Dresden chauffiert hast zu seinen

Hausbesuchen. Vom Angriff am 13. Februar 1945 hat er dir erzählt, da war er Standortarzt und hat geholfen, die Verbrannten zu versorgen, sofern noch ein Funken Leben in ihnen zu sein schien. Ihn hat die Krankheit auch erwischt, später. Du hast ihn manchesmal besucht, er saß am Fenster und schaute hinaus auf die Elbe, das war alles, was er noch konnte. Lesen ging nicht mehr, und er war ein Bücherverschlinger gewesen. Radiohören ging nicht, und er hatte Tschaikowsky so geliebt. Fernsehen auch nicht, nur noch aus dem Fenster schauen. Aber rauchen ging. Kette rauchen wie ein Bekloppter. Auch als sie ihm das Bein hatten abnehmen müssen, rauchte er weiter und weiter. Widerborstig. Wie aus Protest. Wenn du kamst, freute er sich, er mochte dich auch, versuchte mit unartikulierten Lauten dir etwas mitzuteilen, vergebens. Du erzähltest ihm von deinem Leben, aber du hattest das Gefühl, dass er nicht mehr viel davon verstand. Ihr wart trotz allem gern beieinander. Aber lange ging es dann nicht mehr mit ihm.

Doch das kannst du natürlich nicht vergleichen. Das hat nichts mit dir zu tun. Oder doch? Er war dein Onkel.

»Du hast zu viel gearbeitet«, sagt deine Mutter.

Ach was! Viele arbeiten zu viel. Damit sich die anderen schonen können. So funktioniert doch das System. Wenn alle, die zu viel arbeiten, umfielen?

»Ab morgen«, sagst du langsam, damit sie wenig merkt von deinem Gestotter, »ab morgen werden sie mich auf den Kopf stellen.«

»Wolltest du nicht heute nach Leipzig?« fragt sie.

Ja, das wolltest du. Dabei sein. Hast schon den Anfang versäumt von der Revolution, es wird Zeit! Die Freunde möchtest du treffen und erfahren, was sie nun wollen: die andere DDR oder das einig Vaterland? Oder wissen sie es selbst noch nicht? Was du in der Zeitung liest, mag stimmen oder nicht, ist auch widersprüchlich, du möchtest dich selbst vergewissern. Und außerdem, verdammt, gehörst du in diesen Tagen nach Leipzig und nicht ins Krankenhausbett!

Es kommt dir der Gedanke, dass du deine Reise nur aufschieben musst, für ein paar Tage. Sie können dich doch nicht hier behalten für Wochen oder Monate. Du hast doch Pläne. Du hattest einen Unfall, aber du bist doch ein gesunder Mensch, bist es immer gewesen. Gesund und topfit. Es kann doch nicht sein!

Zum ersten Mal kommt dir der Gedanke: Das könnt ihr mit mir nicht machen!

Wörtlich so: Das könnt ihr mit mir nicht machen.

Aber dann gleich wieder die bleiernen Augen. Sie erinnern dich daran, dass du kaputt bist. Einfach groggy. Nicht mal fähig, dich wachzuhalten. Du kannst vielleicht den Mund vollnehmen, aber mehr schaffst du noch nicht.

»Ich habe ein bisschen nachgedacht«, sagt deine Mutter, als du wieder aufwachst: »Damals, 53, die Flucht in den Westen. Es war doch ganz schön mutig, nur wir beide. Kein Geld, keine Arbeit, keine Bleibe. Und ich war kein junges Mädchen mehr, fast 40. Manchmal staune ich, dass ich das gemacht habe.«

Immer wieder dieses Thema. Es hat für dich das Leben beherrscht. Die Kindheit in der Zone, die aufregende Flucht, der mühsame Neubeginn, der Spott in der Schule über deinen sächsischen Dialekt und deine abgerissenen Klamotten, die Bündnisse und Freundschaften mit anderen Zonenflüchtlingen, denen es ebenso ging, die ungezählten Briefe und Päckchen nach Hause, dann die Besuche daheim, sobald man sich wieder traute. Später die Arbeit in der DDR, die Filme, die

Bücher. Ja, und jetzt, es geht dir nicht aus dem Kopf, liegst du im Krankenhaus und sollst nicht hin.

»Unsere Leute im Osten«, sagt sie, »haben nie verstanden, dass wir im Westen erstmal ganz klein wieder anfangen mussten. Dass jedes Päckchen nach Leipzig ein regelrechter Kraftakt und ein Rechenexempel war.«

Ja, und sie haben sich vorsichtig, aber doch nachdrücklich beschwert, wenn die Schokolade nicht von Sprengel war. »Bei euch gibt's doch alles«. Nun ist das bald endgültig vorbei.

»Ich werde ein paar Tage hier bleiben, bis sich alles eingespielt hat«, sagt sie. »Auf die Kinder aufpassen und so weiter. Vielleicht kommst du ja bald wieder raus.«

»Natürlich«, sagst du, »was denn sonst?«

Sollst du deine alte Mutter beunruhigen? Bloß weil du selbst beunruhigt bist?

8. KAPITEL

He! Da rührt sich was!

Das Bein. Plötzlich spürst du wieder, dass es da ist, das rechte Bein.

Kannst du es etwa schon bewegen? Die Zehen strecken? Das Fußgelenk drehen? Die Ferse biegen? Das Knie ein wenig anwinkeln?

Vorsichtig! Nichts kaputtmachen. Nichts überstürzen.

Aber es scheint wirklich zu gehen! Millimeterweise sozusagen.

Am liebsten würdest du sofort zum Hörer greifen und zu Hause anrufen, um die frohe Kunde zu verbreiten. Aber erstens schlafen sie dort noch zu dieser unmenschlich frühen Stunde, wenn du hier für das verdammte Fiebermessen geweckt wirst. Und zweitens weißt du ja nicht, ob du es überhaupt glauben darfst. Zuerst musst du noch einmal sorgfältig prüfen, ob es keine Täuschung war, kein Wunschtraum.

Du schlägst also die Bettdecke zurück und probierst. Versuchst die Zehen zu bewegen. Ganz langsam. Sie fühlen sich taub an, aber sie rühren sich tatsächlich. Doch, doch, doch, da ist etwas! Die Ferse. Naja, ein kleines bisschen. Das Knie? Du kannst es nicht heranziehen, aber ein paar Grad beugt es sich.

Jetzt haben wir es! Von nun an muss es bergauf gehen!

Der Schwester musst du es gleich mitteilen, es ist ja sonst niemand da, der dich anhört. Sie nickt anerkennend und fragt, ob es heute Morgen Kaffee oder Tee sein soll. Beides schmeckt dir hier nicht, du nimmst Tee.

»Meinen Sie, ich habe es gepackt?«

»Es ist schon mal sehr gut«, antwortet sie diplomatisch.

Es klingt wie: Freuen Sie sich nicht zu früh! Das ist sicher psychologisch richtig und wichtig. Aber du willst dich jetzt freuen. Zum ersten Mal seit Freitagmorgen.

Nach dem Frühstück, wenig, denn wer liegen muss, nimmt schneller zu, rufst du endlich zu Hause an. Der Kleine ist dran, er ist ein leidenschaftlicher Telefonierer, quatscht den Leuten fast das Ohr ab und legt am Ende meistens auf, anstatt die Eltern zu rufen. Diesmal holt er auf drängende Aufforderung seine Mama an den Apparat.

»Rat mal«, forderst du sie auf.

»Also, ich rate, du weißt, was für eine Krankheit du hast.«

Verdammt, das hast du tatsächlich schon wieder vergessen, das weitet sich aus zu einer Art Runninggag, aber es ist jetzt nicht wichtig.

»Ich kann das Bein bewegen. Und zwar das rechte.«

Stille am anderen Ende. (Später wird sie dir sagen, das sei der Augenblick gewesen, das sei *der* Augenblick gewesen.)

»Das finde ich ganz toll. Das musst du mir vorführen, wenn ich komme.«

Aber erstmal steht jetzt die Untersuchung an. Sie haben dir zwei Krücken ans Bett gestellt, für den kurzen Weg ins Bad oder mal ans Fenster, zum Rausschauen auf einen Rasen. Doch die Wege zu den Abteilungen sind weit, du musst dich im Krankenfahrstuhl schieben lassen.

In den Lift, eine Etage runter, aus dem Lift, einen Gang entlang, um die Ecke, durch zwei Glastüren, noch zwei Ecken.

Wie in einer Fabrik, denkst du. Oder wie im Sender, natürlich. Menschen kommen dir entgegen, Gesunde in Zivil, Kranke im gestreiften Bademantel, Personal in weißem Kittel. Die meisten schauen vor sich hin und an dir vorbei, aber wenn sie dich anschauen, dann von oben herab. Und du schaust ihnen von unten ins Gesicht. Eine ganz neue Perspektive. Kinderperspektive. Sie erinnert dich kurz an jene Fotos von Karl Heinz Mai, dem Leipziger Fotografen der Nachkriegsjahre, der an der Front beide Beine eingebüßt hatte und aus dem Rollstuhl heraus fotografierte, was seinen Bildern, Abertausende sind erhalten und archiviert, immer eine charakteristische »Untersicht« gab. Du stellst dir vor, du müsstest ein Leben lang hinaufschauen, zu Menschen, die dir überlegen sind, nur weil sie stehen und gehen können.

Nein, das hast du ja seit heute Morgen hinter dir. Hoffentlich.

Bloß der Arm! Ohne Regung nach wie vor. Dauernd bist du damit beschäftigt, ihn aufzuheben und hinzulegen, um kurz darauf festzustellen, dass er sich schon wieder unbemerkt davongestohlen hat. Wenn das so bleibt?

Wenn alles so bliebe, wie es jetzt ist. Dann könntest du wahrscheinlich wieder laufen, mindestens gehen, vielleicht nur schleichen oder humpeln. Aber immerhin. Den Arm müsstest du in einer Schlinge tragen. Links schreiben lernen. Und die anderen Dinge. Lästig, aber eine Sache der Gewöhnung. Sehen könntest du nicht richtig, kaum lesen. Dafür hören, riechen, schmecken. Auch das: immerhin. Dich erinnern? Ja, das ist tatsächlich deine größte Sorge: dass du dich wieder erinnern kannst und schreiben und texten und reden und interviewen. Oder kann man auch ohne das alles leben?

Untersuchungen. Fast den ganzen Vormittag lang. Sie erklären dir, was es damit auf sich hat, aber je länger das geht, desto mehr fällt dir auf: So genau willst du es gar nicht wissen. Bitte kein Fachchinesisch! Du hast dich noch nie für Medizin interessiert, und dabei wollen wir es belassen. Sie sollen dir sagen, ob es wieder wird und wie lange das dauert und was du tun musst. Sonst nichts.

Aber du hörst natürlich geduldig zu. Die Ärzte, hast du den Eindruck, geben sich große Mühe mit dir, du darfst sie auf keinen Fall vor den Kopf stoßen. Du schaust anteilnehmend und nickst verständig.

Vor dem Mittagessen besucht dich erneut der Chefarzt. Der Professor. Ja, die Zusatzversicherung! Wie oft hast du dich gefragt, ob sie nicht rausgeschmissenes Geld bedeutet für einen, der notorisch gesund ist. Aber wie sagt der Volksmund: Unverhofft kommt oft.

Der Professor ist ein angenehmer Mann. Ruhig und gelassen, keiner von den Wichtigtuern, die ihre Kompetenz zelebrieren. Er wird so alt sein wie du, man kann von Mensch zu Mensch reden.

»Wie gesagt, Sie hatten großes Glück. Es hätte auch schief gehen können.«

Das Wichtigste sei, so rasch wie möglich in Behandlung zu kommen. Es gehe dabei nicht unbedingt um Minuten, aber jede Viertelstunde sei unwiederbringlich. Für einen Laien ausgedrückt: Je länger das Gerinnsel im Gehirn die Blutbahn verstopfe, desto mehr werde von den umliegenden »grauen Zellen« zerstört. Und zwar endgültig und unwiederbringlich, denn sie regenerierten sich nicht. Die Mediziner sprächen von einem zeitlichen »Fenster«, innerhalb dessen der Patient nach dem Anfall in Behandlung sein müsse. Manche setzten als Äußerstes acht Stunden an, andere sechs oder weniger. Aber wie auch immer: je rascher, desto besser.

Dazu kannst du nur nicken.

Dir wird klar: dein größter Fehler war, nicht Bescheid gewusst zu haben, als es geschah.

Nicht umgehend alle Hebel in Bewegung gesetzt zu haben, um auf dich aufmerksam zu machen.

Ab in die Klinik!

Mit Sirene!

Wie lange es gedauert habe, bis du hier eingeliefert wurdest?

Nun, der Wecker klingelte vor halb sieben. Hier warst du gegen halb zehn. Drei Stunden. Eine lange Zeit.

»Wussten Sie, als es geschah, nicht, was Sie hatten?«

Du schüttelst energisch den Kopf: nicht die geringste Ahnung.

Das sei eben das Problem mit dieser Krankheit: Wen sie trifft, mit einem Schlag, der weiß meistens nicht, was vorgefallen ist. Auch seine Angehörigen nicht. Oder seine Kollegen, wenn es bei der Arbeit passiert. Meistens allerdings geschieht es am frühen Morgen, im Zustand tiefster Ruhe und Entspannung.

Und es tut nicht weh!

Ja, unterstreicht der Professor, das sei die besondere Hinterlist dieser Krankheit: Sie tut nicht weh. Kein Schmerz lässt dich panisch werden und alle Hebel in Bewegung setzen, damit Hilfe kommt. Verwirrt und beunruhigt zwar, aber mit dem Gefühl, erst einmal ruhig abwarten zu sollen, vergeudest du wertvolle Zeit.

Hattest du Risikofaktoren? Familiäre Vorbelastung? Ja, der Großvater und der Onkel. Nein, kein Bluthochdruck. Im Gegenteil, er ist sehr niedrig, immer gewesen. Herzerkrankungen? Nicht, dass du wüsstest. Und du müsstest es ja wissen. Nein, überhaupt: Es war nie etwas. Obwohl du dich, wie gesagt, für Medizin nicht interessierst, hast du dir, seitdem du ungefähr 40 warst, angewöhnt, einmal im Jahr einen Check-up machen zu lassen. Um nicht eines Tages überrascht zu werden. Und es war immer alles okay.

Du erinnerst dich an den guten Freund, Gott hab ihn selig, der dich damit aufgezogen hat: »Hast wohl Angst, den Löffel abzugeben?« Er selbst war mutig und fand es interessant, sich einen Fatalisten zu nennen: wen's trifft, den trifft's. Alles vorbestimmt – sein Krebs wurde zu spät entdeckt.

Trinken? Freilich, aber nicht im Übermaß. Mein Gott, wann warst du zum letzten Mal besoffen?

Rauchen? Ja, sehr viel. Aber vor fünf Jahren aufgehört. Knall auf Fall. Nach dieser Zeit, meint der Professor, dürfte es eigentlich keine Rolle mehr gespielt haben, allenfalls ist es gerade an der Grenze.

Psychosoziale Risikofaktoren? Also auf Deutsch: Schicksalsschläge, Ärger, Stress.

Na klar, aber wer hat das nicht?

Doch darüber musst du erstmal nachdenken.

Dafür wirst du jetzt Zeit haben. Wie lange?

Der Professor gibt keine Prognose. Jeder Apoplex verläuft anders, Regeln gibt es nicht. Geduld ist angesagt. Na schön.

9. KAPITEL

Einen neuen Morgenmantel bringt sie dir abends mit. Ein besonders edles Stück, man sieht, dass es aus einem guten Geschäft ist und nicht billig war.

»Das wäre aber nicht nötig gewesen«, sagst du, immer noch mit holpriger Aussprache.

»Doch. Dringend. Mit dem alten Ding lasse ich dich nicht mehr unter Menschen. Nicht mal hier. Es genügt, dass ich es mir zu Hause ansehen muss.«

Natürlich hat sie Recht. Sie hat sowieso meistens Recht. Du kannst nicht – sagen wir: du solltest nicht – in diesem Krankenhaus herumlaufen bzw. -fahren bzw. gefahren werden wie die meisten Patienten in ihren hässlichen gestreiften Dingern, die an abgetragene Sträflingskleidung erinnern. Du musst auf dich achten, auch jetzt. Oder gerade jetzt. Du darfst dich nicht gehen lassen. Das lässt sie dir nicht durchgehen.

Das erinnert dich an die Geburt eures Sohnes: du warst nicht dabei im Kreißsaal, wolltest es nicht, auch sie wollte es nicht, weil dies, meinte sie, eine Sache sei, die eine Frau allein mit sich abmachen solle. Wie bei den Naturvölkern, warfst du unpassend ein. Der Arzt bemerkte, das sei keineswegs eine unmoderne Auffassung, sondern bereits wieder eine moderne. Ganz abgesehen von den Problemen mit den filmenden Vätern, die auf dem Höhepunkt aus den Latschen kippten und ärztliche Zuwendung bräuchten. Bevor du also spätabends kommen durftest, euer Kind zu begutachten und die Mutter zu beglückwünschen, ließ sie sich ihr Schminketui bringen und versetzte sich, wie sie sagte, nach der Anstrengung wieder in einen ansehnlichen Zustand. Bei der zweiten Geburt erzählte man ihr, diese Geschichte werde seither in der Klinik kolportiert, aber Ähnliches sei noch nicht wieder vorgekommen.

Also der neue Morgenmantel, den man natürlich auch abends tragen kann.

»Und jetzt führst du mir das Bein vor«, verlangt sie.

Doch, es funktioniert immer noch: Zehen, Ferse, Knie. Etwas besser sogar schon. Allerdings merkst du, was du nicht merktest, solange es völlig leblos war: Taub ist alles.

»Die ganze Sache hätte leicht richtig schief gehen können«, sagst du, als hättest du eine neue Erkenntnis gewonnen. Dabei musst du es dir nur immer wieder vor Augen halten.

»Hätte. Ist aber nicht. Sei nicht immer so miesepetrig.«

»Aber daran muss man eben dauernd denken.«

Was wäre gewesen, wenn? Die Familie ist gut abgesichert. Versichert von vorn bis hinten, da bist du nicht besonders risikofreudig. Das Haus ist noch nicht abbezahlt, aber es ist so im Wert gestiegen, dass du kein Problem und keine Schulden hinterließest.

Die Kinder müssten ohne Vater aufwachsen. Das musstest du auch. Deinen Vater haben sie im Straflager der Wehrmacht zugrunde gerichtet, bevor du drei Jahre alt warst. Du kannst dich nicht an ihn erinnern, es gibt bloß ein paar Fotos von Vater und Sohn aus dem Jahr 1941. Als er tot war, ging es auch ohne ihn, es musste ja, da fragte keiner. Und rings um dich gab es damals jede Menge Kinder, die ohne Vater aufwachsen mussten, einige sogar ohne Vater und Mutter. Also, die große Katastrophe wäre es auch für deine Kinder nicht gewesen. Nur schade.

Im Fernsehen Montagsbilder aus Leipzig.

»Das ist bestimmt das Schlimmste für dich«, sagt sie, »dass du ausgerechnet jetzt nicht dort sein kannst.«

O ja, sie kennt dich verdammt gut!

Diese geliebte vergammelte Stadt, die sich plötzlich aufrappelt. Diese resignierten Menschen, die mit einem Mal den Mut aufbringen, den Machtbesitzern auf die Schuhe zu spucken. In der Masse, sagt man, fühlten sich die Menschen stark. Aber waren die paar Tausend, die am 9. Oktober losliefen, ohne zu wissen, ob sie erschossen würden, waren die stark gegenüber Volkspolizei und Stasi, Volksarmee und Roter Armee? Denn mit all denen als Gegnern mussten sie rechnen. (Hinterher wissen wir ja alles. Hinterher.)

Da! Auf dem Rednerpodium vor dem Georgii-Dimitroff-Museum: dein Freund Josef! Ohne jeden Zweifel. Ehe du richtig verstehst, was er sagt, ist, wie immer, das Filmchen schon zu Ende. Aber es war Josef. Vor Monaten noch habt ihr an seinem Küchentisch gesessen und diskutiert: Ob diese DDR das ewige Leben habe. Nein, habt ihr alle gesagt, nicht ewig, es wird noch eine Weile dauern. Aber wie lange? Bis ins nächste Jahrtausend mindestens. Wie soll sie denn zu Ende gehen, die Republik, habt ihr gefragt. Einfach zusammenbrechen wie ein Kartenhaus? Das hast du dir nicht vorstellen können, die meisten anderen auch nicht, irgendjemand müsse da doch energisch schubsen. »Wart's ab«, hatte Josef gesagt.

»Das da interessiert dich doch mehr als deine Krankheit«, sagt Ulrike. »A propos: Wie heißt sie?«

Ach ja.

»Ist ja auch nicht wichtig«, sagt sie. »Es geht vorüber. Eines Tages werden wir – nein, nicht darüber lachen –, werden wir sagen: Weißt du noch damals? Sowas Blödes aber auch.«

Sie verabschiedet sich bis morgen.

»Sag mal ...«

Sie bleibt in der Tür stehen.

»Sag mal«, fragst du: »Wenn das jetzt so bliebe?«

»Was dann?« fragt sie.

»Das meine ich ja.«

Sie kommt zurück: »Weißt du noch, was wir uns damals vor dem Mister Reverend in Las Vegas versprochen haben? Ich habe das meiste nicht verstanden auf Englisch, aber wenigstens dies: in guten und in schlechten Tagen. Bis Donnerstag hatten wir fast ausschließlich gute Tage. Jetzt kommt der zweite Teil des Versprechens.«

Als sie weg ist und der Fernseher ausgeschaltet, überlegst du: Damit kann keineswegs jeder selbstverständlich rechnen, dass treu zu ihm gehalten wird, wenn sozusagen die Geschäftsgrundlage entzogen ist. Wie viele sind weggelaufen, nachdem es dem Partner plötzlich dreckig ging? Du musst an den reichen, erfolgreichen Mann denken, den du mal kennen gelernt hast und den ihr alle, ganz ehrlich, ein Stück beneidet habt. Innerhalb eines Jahres machte er Bankrott, wurde durch einen Schlaganfall gelähmt und seine Frau verließ ihn.

Also bitte!

Außerdem bist du seit heute überzeugt, dass es wieder wird.

Und trotzdem fragst du dich: Ist das alles eigentlich gerecht? Hast du jemanden verraten, verleumdet, angeschwärzt, denunziert, hintergangen, ausgetrickst? Hast du jemanden in die Pfanne gehauen?

Oder hat das alles nichts miteinander zu tun?

Wahrscheinlich hat das nichts miteinander zu tun.

Sicher hat das nichts miteinander zu tun.

10. KAPITEL

Hier, schaun Sie mal das!«

Die Schwester ist ziemlich aufgeregt. Sie hält dir die *Bild*-Zeitung hin. Die großen Buchstaben auf Seite eins oben kannst du gut erkennen:

»ZDF-Zimmer – Schlaganfall mit 49«.

Daneben ein schlechtes Foto, uralt, aus deiner längst vergangenen Zeit als *heute*-Studioredakteur. Was sie eben schnell gefunden haben in ihrem Archiv, das nur bei wichtigen Leuten auf dem Laufenden ist.

An der Überschrift stimmt diesmal alles: du bist beim ZDF, heißt Zimmer, hast einen Schlaganfall und bist – gerade noch – 49. Vier Behauptungen, vier Treffer. So viel Korrektheit ist nicht alltäglich. Im Text kleine Ungenauigkeiten: deine Goldrandbrille ist silbern, und ob du mit 49 ein junger Mann bist, ist zumindest anzuzweifeln, aber die Klassifizierung ist ja nicht unfreundlich.

Du hast beruflich öfter mit der Bild-Zeitung zu tun gehabt, wenn sie etwas über Sendungen wissen wollten. Du hast ihnen immer alles so genau wie möglich erklärt, aber was dann im Blatt stand, stimmte höchstens zur Hälfte. Meyer hieß dann eben Müller oder wenigstens Maier. Das hat Meyer in der Regel nicht geschadet, und überhaupt hast du dich nicht über böswillige Manipulationen beschweren müssen. Nur Meyer war eben Schulze. Diesmal also: gut getroffen.

Unter »ZDF-Zimmer« steht übrigens in viel größeren Lettern: »Steffi in Klinik – Irre Schmerzen – der Bauch«. Da müssen sie was verwechselt haben, denn bei Steffi ist es bekanntlich immer das Gegenteil, der Rücken. Du musst jedenfalls akzeptieren, dass sich die wahren Tragödien woanders abspielen als in deinem Krankenzimmer. Und auf Seite zwei, viel kleiner gedruckt, erfährt der *Bild*-Leser, den es wahrscheinlich gar nicht interessiert, dass dein Kollege Herbert Riehl-Heyse als *Stern*-Chefredakteur »das Handtuch geworfen« habe. Wer da womit nach wem geworfen hat, werden wir nie erfahren, aber grad schad isses scho.

Du wolltest nie in der *Bild*-Zeitung stehen. Allenfalls mit einer Leistung, die keine Zeitung würde übersehen und übergehen können. Manchmal, denkst du, warst du nicht schlecht in deinem Job, aber für die Seite eins hat es noch nie gereicht. Nun hast du deinen Aufmacher. Aber so ist der Journalismus eben, du kennst ihn ja. Du stehst tausendmal aus deinem Bett auf, fährst zur Arbeit, zum Recherchieren, zum Drehen, machst Reportagen, Dokumentationen, Livesendungen, wirst mehr gelobt als verrissen, kriegst sogar Preise dafür – aber einen Aufmacher, den kriegst du erst, wenn du morgens aufstehst und umfällst und auf die Intensivstation musst.

Nach dem Frühstück der obligatorische Anruf zu Hause, aber du kommst nicht durch. Du hast ja nichts zu tun und versuchst es immer wieder – bis es endlich klappt.

»Ja, bitte«, meldet sich eine erschöpfte Stimme.

»Was ist denn los bei euch?«

»Ach, du bist's! Seit dem *Bild*-Aufmacher heute Morgen steht das Telefon keine Minute still. Ich hätte nie für möglich gehalten, wer alles *Bild* liest.«

»Wahrscheinlich beim Friseur«, versuchst du zu scherzen.

Du findest es gut, dass du schon wieder Ansätze von Schalk und Ironie probierst, aber die Erschöpfung daheim scheint zu groß, um darauf zu reagieren.

»Ein Gutes hat es aber«, sagt Ulrike: »Wir brauchen keine Karten zu verschicken. Es braucht auch keiner um den heißen Brei herumzureden. Jeder weiß jetzt Bescheid.«

Jeder? Wer denn alles? Sie zählt Namen auf von ihrer Liste, Verwandte, Bekannte, Kollegen. Bei manchen musst du nachdenken, so lange habt ihr euch nicht gesprochen oder gesehen. Man muss nur ab und zu auf sich aufmerksam machen.

Sogar Hannelore Kohl hat sich erkundigt und gute Besserung gewünscht. Du hast noch nie die Gelegenheit wahrgenommen, ihren Mann zu wählen, aber für sie hast du Sympathie. Mit ihr verbindet dich auch etwas ganz Unpolitisches: Als ihr beide Kinder wart, während des Krieges, wohntet ihr in Leipzig in unmittelbarer Nachbarschaft. Auch wenn ihr euch nicht erinnern könnt, seid ihr euch bestimmt häufig begegnet, beim Brötchenholen oder in der »Kolonialwarenhandlung« von Herrn Duderstedt in der Gohliser Straße. Dass sie anrief, macht dir bewusst: Es geht dir besser als so manchen anderen, die da liegen und keinen Besuch kriegen und keinen Anruf und die von den meisten vergessen sind.

Erste Post kommt an. Dein oberster Dienstherr hat geschrieben und dein direkter Vorgesetzter. Sie haben angenehm geschrieben, nicht salbadernd. Du zweifelst keine Minute daran, dass sie »betroffen« sind, wie es neudeutsch heißt. Dass sie sich getroffen fühlen, um es besser zu sagen, schon weil man sofort daran denken muss, dass wieder mal ein Einschlag ziemlich nahe gekommen ist, und weil kein Zweifel besteht, dass solche Einschläge auch mit dem Beruf zu tun haben. Das holt man sich nicht beim Tennis oder auf dem Golfplatz.

Der Professor in der Klinik sagt, sie hätten bei den Untersuchungen bislang noch nichts gefunden, keine körperlichen Macken – das Wort »Macken« stammt nicht von ihm, sondern von dir. Ob du denn Probleme hättest im Privatleben oder besonders im Beruf, hat er sich erkundigt. Du sollest mal darüber nachdenken.

Es kommt darauf an, was man unter »Problemen« versteht.

Im Privatleben: Nein, damit kannst du nicht dienen. Gott sei Dank.

Im Berufsleben? Was ist der normale Verlauf eines Berufslebens? Von der Begeisterung über die Ernüchterung zur Enttäuschung und der Freude auf die Pensionierung. Das ist normal. Wo stehst du jetzt? Mindestens bei der Ernüchterung, hoffentlich noch nicht bei der Enttäuschung.

Als du hineingerochen hast in dieses Gewerbe, als unbedarfter Anfänger, warst du begeistert. Journalismus! Das Leben mit der Vielfalt. Jeden Tag andere Themen, andere Menschen, andere Schauplätze. Überall warst du willkommen, denn jeder wollte ins Fernsehen, damals noch, war dafür bereit, vor der Kamera den Kasper zu machen. Du musstest höllisch aufpassen, um dich nicht zu wichtig zu nehmen. Wen du nicht alles vor der Kamera hattest! Eigentlich müsstest du jetzt anfangen, berühmte Namen aufzuzählen. Freilich wird sich keiner von ihnen an dich erinnern. Leider war dir nie die Zeit und die Chance gegeben, alles richtig zu begreifen. Immer musstest du eilig an der Oberfläche rudern. Oft hattest du das Gefühl, nicht ganz Recht zu haben; aber es genügt in diesem Gewerbe, nicht nachweisbar Unrecht zu haben. Du lerntest, wie man textet, ohne sich festzulegen. Es war wichtig, Mängel geschickt zu kaschieren. Doch, doch, ein faszinierender Beruf!

Und die Kolleginnen und Kollegen! Ein besonderes Völkchen mit einem besonders lockeren Umgang. Wenn du, zum Zwecke der Berichterstattung, hineinrochst in Behörden und Betriebe, fühltest du dich befreit und wie neugeboren, wenn du zurückkehren konntest in dein Milieu aus Ironie und Flachs – und Toleranz. Toleranz vor allem. Und wenn dann ein etwas älterer Kollege warnte, du würdest schon noch sehen: die Zwänge und die Beschränkungen, und dass ihr fest im Griff wäret, auch wenn ihr es manchmal nicht wahrhaben wolltet – dann lachtest du ihn aus, den alten Miesepeter.

Bis du dann merktest: Fernsehen ist nicht anders als Post oder Bahn oder Siemens oder Krauss-Maffei. Lockerer in der Form, aber ebenso hart im Geschäft.

Kann sein, dass du zu lange an deinem Missverständnis festgehalten hast.

Du musst funktionieren!

Aber an diesem Tag fühlst du, wie dir in der Klinik eine gewisse Achtung zuwächst. Unser Patient in der *Bild*-Zeitung! Ganz vorn, ganz oben. Wie schwer kommt eine Klinik auf die Seite eins!

Du kannst jetzt nicht weiter darüber nachdenken. Du bist wieder kaputt. Wie immer.

Ein verdammtes Wrack bist du.

Immer noch.

Aber ihr werdet sehen!

11. KAPITEL

Der Professor gibt sich wirklich große Mühe.

Wie das genau mit dem Rauchen und dem Trinken und dem Kaffee sei. Dass er darin so insistiert, scheint dir Beweis zu sein, dass sich sonst nichts Konkretes finden lässt, was dich umgeschmissen haben könnte.

Wein, sagst du, sei ein Lebensmittel. Schon gar in dieser Gegend hier. Das ließest du dir ebenso wenig nehmen wie Brot oder Kartoffeln.

Wie viel Wein?

Na, ein Fläschchen Rheingauer Riesling am Tag.

Oha!

Manchmal natürlich, aber seltener, auch ein Bier oder zwei, wenn es heiß ist im Sommer oder wenn es deftige Mahlzeiten gibt. Du kannst zu Grünkohl mit Brägenwurst nichts anderes als Bier trinken, das wäre Unkultur.

Und nach dem Essen bisweilen einen Schnaps zum Verdauen. Sozusagen medizinische Indikation.

Er runzelt bedenklich die Stirn. Ob er weniger trinke, fragst du, obwohl du hier gar nicht derjenige bist, der Fragen zu stellen hat. Er denkt nach, antwortet aber nicht. Die Frage scheint abgehakt.

Kaffee? Komisch: Der hat dir nie geschmeckt, jedenfalls nicht der berühmte deutsche Filterkaffee, der Stolz der Nation. Ein Espresso nach dem Essen ja, aber nicht die sauerschwarze Germanenbrühe. Trotzdem hast du sie literweise geschluckt. Warum? Weil in deutschen Büros Kaffee getrunken wird. Gnadenlos.

Der Professor muss dir nicht mehr erklären, dass es ungünstig gewesen ist.

Aber nun das Rauchen!

Das ist so eine lebenslange Geschichte. Wer kennt sie nicht?

Mit 16 zum Angeben vor den Mädchen, die aber gar nicht beeindruckt waren. Der erste Lungenzug schoss als Schwindel in den Kopf und als Würgen in den Hals. Da hättest du aufgeben sollen, für alle Zeiten! Damals kam gerade eine neue Marke auf den Markt: Peter Stuyvesant. Die musste es sein, wenn man dazugehören wollte. »In sein« sagte man noch nicht. Und dann Jahrzehnt um Jahrzehnt alles rein in die Lungen, was sich anzünden ließ. Am liebsten die Schwarzen ohne Filter, Gauloises oder Gitanes, ersatzweise Reval oder Roth-Händle. Die Kastrierten waren doch nur für Kneifer, die rauchen wollten, ohne zu rauchen. Zigarillos, Zigarren, Pfeifen. Alle gängigen Marken und Tabaksorten und ein paar ausgefallene dazu. Wenn du es mal grob überschlägst, hat es dich weit mehr als 25 000 Euro gekostet. Das Geld wäre auch anders zerronnen, aber immerhin ist es eine Zahl.

Warum tut man das? Wo doch nachgewiesen ist, dass es Geld kostet, dass es stinkt und dass es krank macht? Rauchen ist wie mit dem Hammer auf den eigenen Kopf hauen. Genauso geistreich.

Rauchen ist eben schön. Die Zigarette danach. Der Zigarillo zum Espresso nach dem Essen. Die Pfeife zum Einläuten des Wochenendes. Tausend Gelegenheiten, und wenn es keinen Grund gibt, denkt man sich einen aus.

Aber, sagt der Bundesgesundheitsminister, Rauchen schadet der Gesundheit.

Wie hört man damit auf?

Ein findiges Gewerbe bietet allerlei Methoden an, die mehreres gemeinsam haben: Sie wirken komisch, sie kosten Geld, und sie funktionieren meistens nicht. Drei Tage lang haben sie dir stolz ihren Knopf im Ohr vorgeführt, wie ein Steiff-Tier, am vierten pumpten sie sich eine, nur zum Probieren, am zehnten zogen sie verschämt die eigene Schachtel aus der Tasche.

Du sagst: sie. Du hast doch selbst zwei Dutzend erfolglose Versuche hinter dir.

Wenn man es geschafft hat, wird man hundertmal gefragt: Wie geht das? Wie hast du es hingekriegt, von einem Tag auf den anderen aufzuhören und nie wieder in Versuchung zu geraten?

Du hast es vorbereitet. Nicht hektisch und unter Zwang, nicht aus schlechtem Gewissen. Du hast dir gesagt, Rauchen sei zwar schädlich, aber schön. Oder schön, aber schädlich. Du hast dir gesagt, dass es dir Freude gemacht hat und dass du es nicht zu bereuen brauchst. Dass es nun aber genug sei. Und dass es noch ein paar andere Dinge gebe, die Spaß machen, aber ein bisschen weniger schädlich sind. Ohne Reue und ohne Zwang, hast du dir gesagt, hörst du jetzt auf. Und es hat funktioniert.

Diesem Entschluss muss nur noch ein Anlass folgen, um wirklich in aller Gelassenheit die letzte Zigarette, Zigarre, Pfeife zu rauchen. »Weißt du was«, sagte Ulrike, als sie im siebenten Monat war: »Du stinkst. Ich kann dich nicht mehr riechen, mir wird schlecht.«

Das reichte als Anlass.

Sonntags die letzte. Die übrigen im Papierkorb versenkt. Nie wieder eine angefasst. Nie wieder eine gewollt. Keine Minute Sehnsucht danach.

Aber schön war es, verdammt!

Der Körper, erklärt dir der Professor, braucht Jahre, um die Folgen starken Rauchens abzubauen. Fünf Jahre etwa, sage die Medizin. Vielleicht hast du zu spät aufgehört.

Du ziehst seither nicht als Prophet des nikotinfreien Lebens durchs Land und stellst die Raucher an den Pranger. Du kämpfst auch nicht dafür, dass sich die armen Süchtigen auf langen Sitzungen ihr oft einziges Stimulans verkneifen müssen. Du reißt nicht mit angewidertem Gesicht deine Balkontür auf und schickst deine Gäste hinaus, wenn sie eine anzünden müssen, ehe sie ausrasten. Nur in deinem Auto darf keiner rauchen und in deinem Bett, aber dorthin verläuft sich sowieso niemand. Nein, du bist kein militanter Nichtraucher geworden. Aber ein mitleidiges Lächeln können sie dir nicht verwehren.

Du wirst übrigens auch niemandem mit der Warnung auf die Nerven gehen, dass starkes Rauchen ein erheblicher Risikofaktor für einen Schlaganfall ist.

12. KAPITEL

Mit dem Krankenwagen durch die Stadt. Es geht zu einer Untersuchung. Du bist das erste Mal wieder draußen, außerhalb der Klinikmauern. Aber eigentlich bist du doch drinnen geblieben, denn du liegst in der Ambulanz und siehst durch die Milchglasscheiben nichts von der Stadt. Kannst bloß ein bisschen ahnen, welchen Weg das Auto nimmt, denn du kennst ja die Straßen und die Ampeln, an denen es halten muss. Warum darfst du nicht im Taxi fahren oder mit deinem eigenen Auto abgeholt werden? Das geht natürlich nicht, denn was passiert, wenn unterwegs was passiert? Wenn du plötzlich einen Rückfall erleidest? Wer soll dann bezahlen?

Du denkst, natürlich, an die Fahrt mit Blaulicht vor nicht mal einer Woche. Als du gar nicht in der Lage warst, etwas zu denken, etwas Logisches, sondern nur Panik empfandest. Hast du seither nicht schon ein paar Schritte nach vorn gemacht? Beziehungsweise zurück zur Gesundheit?

Also, viel ist es wirklich noch nicht. Die Fortschritte sind sogar außerordentlich bescheiden. Hast du dich nur an deinen Zustand gewöhnt? Laufen kannst du von Tag zu Tag ein klein wenig besser, auf Krücken natürlich, damit du nicht einknickst und hinschlägst. Aber das ist, genau betrachtet, schon alles. Dein Arm baumelt immer noch leblos an dir herum. Vor den Augen siehst du immer noch diesen zersprungenen Spiegel. Beim Sprechen holpert es, und den Namen deiner verdammten Krankheit kannst du dir immer noch nicht merken. Wie vieles andere. Objektiv betrachtet, ist alles ziemlich beschissen.

Sie bringen dich in die DKD, die Deutsche Klinik für Diagnostik. Die »deutsche Mayo-Klinik«, wie sie anfangs genannt wurde, als ihr eigener Name noch nicht so geläufig und berühmt war. Von weither kommen Patienten, wenn ihr Leiden auf keine andere Weise zu diagnostizieren ist. Die sprichwörtlichen Ölscheichs lassen sich hier untersuchen, während ihr Hofstaat, so erzählt man sich in der Stadt, nebenan im vielstöckigen Luxushotel seine Zelte aufschlägt.

Du wohnst ganz in der Nähe, dein Haus ist nur zwei Straßen weiter, Luftlinie keine 500 Meter. Aber diese DKD ist für dich fremdes Territorium, hat dich nie und in keiner Weise interessiert. Warum auch? Du hattest kein Öl und nie eine Krankheit.

Wieder wirst du durch Gänge geschoben, alles ein bisschen luxuriöser hier, bis in ein Wartezimmer. Du musst nichts sagen, dich nicht durchfragen, keine Angaben machen, alles steht auf den Papieren, die du vor dem Bauch hast und bei Bedarf hochhältst. Du hast das Gefühl, in einer fabelhaft durchrationalisierten Gesundheitsfabrik zu sein. Anders geht das auch nicht. Sollen sie jeden Patienten bei der Hand nehmen und ihm erstmal ihre Organisation und ihre Philosophie erklären? Sie sollen bitte rationell und zuverlässig arbeiten, Gemütlichkeit hast du nebenan. Wenn du erst mal wieder zu Hause bist.

Du wirst in diese Röhre geschoben.

Sie haben dir heute schon x-mal gesagt, wie das Ungetüm heißt. Es hat einen endlos langen Namen, wie sollst du dir den merken, wenn dir sogar »Schlaganfall« immer wieder entfällt? Ob du unter Platzangst littest, fragt dich eine Schwester. Du schüttelst den Kopf. Du wärst im Krieg bestimmt nie freiwillig U-Boot-Kapitän geworden, aber zum Beispiel diese verrückte Tour durch die Höhle in Kalifornien, durch die man sich stellenweise buchstäblich hindurchzwängen musste, die hat dir nichts ausgemacht. Also kein Problem.

In diesem Ding hier wird nun dein Gehirn untersucht. Diese wabbelige Masse, die empfindlicher als alles andere ist. Du hast deine Denkfabrik eigentlich noch nie benutzt, um über das Gehirn selbst und an sich nachzudenken. Wozu auch? Es hat ja immer ganz passabel funktioniert.

Aber jetzt hast du Angst. Was werden sie herauskriegen mit ihrem millionenteuren Apparat? Dass du eine Macke hast? Und dass du die Macke behältst?

Die Untersuchung dauert quälend lange. Du versuchst, an irgendetwas zu denken. An diese Höhlentour damals, das liegt ja nahe. Doch, das war ein Ding! Eine wirkliche Expedition durch eine Tropfsteinhöhle, die gerade erst entdeckt worden war. Völlig unberührt. Die Grotte mit den Tausenden meterlangen, aber nur millimeterdicken Stalagtiten, so zart und zerbrechlich, dass ein lautes Wort oder gar ein Pfiff sie wahrscheinlich hätte zerspringen lassen. Der zähe schwarze Schlamm, über den ihr robben musstet, um Gottes Willen ohne einzusinken. Der unterirdische See mit dem Schlauchboot, in das man hineinspringen musste, aber ja nicht daneben! Stunden dauerte die Tour, und es war keiner unter euch, der nicht zwischendurch gedacht hätte: Wenn ich jetzt bloß aussteigen könnte! Am Ende das Pünktchen Tageslicht weit voraus, das euch wie magisch anzog und eure Schritte immer schneller werden ließ, bis ihr hinaufstürmtet und ins Freie stürztet, um einen regelrechten heulenden Indianertanz zu vollführen.

»Geht's noch?« fragt die Schwester.

Es geht noch.
Zurück im Krankenwagen.
Wenn er am Fuße der Straße, in der die DKD liegt, rechts abböge anstatt links, wärest du in einer Minute zu Hause. Sollst du dem Fahrer bedeuten, den kleinen Umweg zu machen? Aber wahrscheinlich würdest du gar niemanden antreffen: die Kinder im Kindergarten, Ulrike Besorgungen machen in der Stadt. Ihr Leben geht schließlich weiter, es muss ja, bloß zu dritt anstatt zu viert.

Wenn alles so bleibt, denkst du schon wieder, aber es verlässt dich eben nicht, wenn alles so bleibt, dann werden sie ertragen müssen, dass du Tag für Tag zu Hause sitzt und mit deinem Schicksal haderst. Fluchst, dass du zu nichts mehr taugst. Maulst, weil links alles so schwer zu erlernen ist. Die berühmte Fliege an der Wand wird dich auf die Palme bringen.

Eine furchtbare Vorstellung. Vor allem für deine Familie.
Zurück in deinem Zimmer. Wieso eigentlich »dein« Zimmer? Ein vorübergehender, ungeliebter Aufenthaltsort. Nein, daran wollen wir uns gar nicht erst gewöhnen. Raus willst du, so schnell wie möglich. Sobald du halbwegs laufen kannst, damit du daheim die Treppen bewältigst, wirst du darauf bestehen, entlassen zu werden.

Das hier ist nicht deine Welt.
Dem kannst du nichts abgewinnen. Überhaupt nichts.

13. KAPITEL

Vorzeichen?

Immer wieder die Frage nach Vorzeichen. Irgendetwas muss es doch geben, so eine Krankheit stolpert einem ja nicht einfach vor die Füße. Du sollst versuchen, dich zu erinnern. Hattest du zum Beispiel häufiger plötzliche heftige Kopfschmerzen? Eigentlich nicht, nur ab und zu mal nach einem feuchten Abend. Taube Gliedmaßen, Sprechstörungen, Hörstörungen, vorübergehende Lähmungen? Nicht, dass du dich erinnern könntest. Schweißausbrüche während des Schlafs? Doch, das gab's schon mal. Aber du hast es für normale Anzeichen von vorübergehendem Stress gehalten.

Wie ist es mit Drehschwindel?

Doch, natürlich! Das gab's. Vor ein paar Monaten.

Der Sommerurlaub. Er war verkorkst in diesem Jahr. Nicht, dass ihr euch etwa gestritten hättet, alles war im Gegenteil sehr harmonisch. Es lag an anderem, an Äußerlichkeiten. Zuerst am Wetter. Ihr fuhrt aus einem feuchten deutschen Sommer über die Alpen in die Sonne – und gerietet in Bozen in einen Wolkenbruch, der einfach nicht mehr aufhörte. Tagelang. Jemand hatte einfach die Schleuse aufgemacht. So etwas, sagten die Italiener mit verzweifelter Gebärde, hätten sie noch nie gehabt. *Veramente! Mai!* Nie, nie, nie. Das sagen die Einheimischen natürlich immer überall zu den Touristen, das gehört zum nationalen Marketing. Aber ein bisschen kennst du Italien, und dies hier war wirklich unitalienisch. Entweder hatte es mit der globalen Klimaveränderung zu tun, oder ihr hattet diesmal einfach Pech.

Eigentlich wolltet ihr wieder in euer zauberhaftes toskanisches Stammhotel, aber dann habt ihr euch überlegt, dass man mit zwei lärmenden kleinen Kindern vielleicht besser eine Ferienwohnung mietet. Wegen der Nerven der anderen Gäste, vor allem aber wegen der eigenen.

Die Ferienwohnung, nach Katalog gebucht, lag schön auf dem Berg, aber ansonsten war sie eine Katastrophe. Altes Mobiliar, aber mehr Sperrmüll als Antiquitäten. Die elektrischen Leitungen erlaubten entweder Licht einzuschalten oder den Herd oder den Boiler. Was nicht im Katalog stand: der Schießplatz nebenan, auf dem samstags und sonntags ab sieben die Sportschützen ballerten, als würden sie dafür bezahlt. Aber vor allem der Regen! Das Wasser lief die Wände herunter, innen, wohlgemerkt.

Abreisen! Sofort! Aber erstens war für die ganze Zeit im Voraus bezahlt. Zweitens musste das Wetter ja mal besser werden. Drittens waren die Leute riesig nett und litten geradezu mit ihren Gästen. Viertens wuchsen euch vor dem Haus die Weintrauben und die Feigen förmlich in den Mund. Fünftens – bzw. erstens – wolltest du deine Ruhe haben. Du musst zwar in deinem Beruf nicht mehr arbeiten als andere halbwegs gut bezahlte Menschen in ihrem, aber manchmal ballt sich eben das Geschäft. Diesmal hatte es sich erheblich geballt bis zur Abreise. Du wolltest deine Ruhe haben.

Es wurde ja auch allmählich. Die Sonne traute sich immer öfter, die vertrauten Plätze strahlten wieder ihren Zauber aus, die Piazza von San Gimignano vor allem, abends, wenn die Tagestouristen abgefahren sind, die toskanische Küche schmeckte von Tag zu Tag besser.

Ruhe. Abschalten. Nur noch ans Angenehme denken.

Mittendrin wird dir schwindlig. Aus heiterem Himmel. Du schließt die Augen, aber es wird dadurch nur schlimmer. Du lehnst dich zurück. Keine Besserung. Du musst dich lang machen.

»Was hast du denn?« fragt Ulrike.

»Weiß nicht. Es dreht sich alles.«

Du weißt nicht, wie lange es dauert. Ein paar Minuten. Dann ist alles wieder okay. Wäre ja auch gelacht.

Der Urlaub berappelte sich. Von Abreisen war keine Rede mehr. Die Kinder hatten sich mit dem Hofhund angefreundet und mit einem Dutzend Katzen sowie einem grunzenden Schwein. Und vom Liegestuhl aus der Blick über die toskanischen Hügel …

Plötzlich wieder diese seltsame Erscheinung. Die Welt dreht sich um dich herum.

»Vielleicht trinkst du zu viel Rotwein«, sagt Ulrike.

Also nun aber! Du bist ja kein Kind von Traurigkeit, und als junger Mensch hast du dich beim Herantasten an die Schwelle der Verträglichkeit häufig übernommen. Hast manchesmal gelitten bis hin zum Wunsch, alles, alles möge zu Ende sein. Aber inzwischen bist du ein Genießer, der vor dem geringsten Anzeichen von nahender Trunkenheit sofort zum Wasser greift. Ohne Wein kein Leben, aber Bacchus ist nicht dein Idol.

»Dann hast du zu viel gearbeitet«, sagt sie.

Kann ja sein. Aber jetzt bist du im Urlaub.

Es geht vorüber.

Noch zwei-, dreimal im Urlaub kommt die merkwürdige Erscheinung zurück.

Das erzählst du also jetzt dem Professor.

Er nickt. Das sei eines der typischen Vorzeichen. Freilich könne dieser so genannte Drehschwindel ebenso auf ein paar

Dutzend andere gesundheitliche Störungen hinweisen. Aber häufig folge ihm eben bald ein Schlaganfall.

Also hättest du sofort zum Arzt gehen sollen?

Ja.

Und der hätte gesagt: Stellen Sie sich nicht so an, sowas kommt vor.

Vielleicht.

Aber dann hättest du, mit deinem Wissen, insistiert und gefordert, er solle dich, verdammt nochmal, untersuchen und etwas unternehmen, schließlich seien es dein Körper und deine Gesundheit, die auf dem Spiele stünden, und übrigens sei es auch deine Krankenversicherung.

Richtig.

Aber andererseits möchtest du von deinem Arzt ja hören, es sei nichts Gefährliches und du müssest dir keine Sorgen machen.

Auch das stimmt. Und ist ein Fehler.

Die Erkenntnis: Du hättest es wissen können, damals in Italien. Drehschwindel: klassisch.

Und hättest du seinerzeit richtig reagiert, dann hättest du dir den ganzen Schlamassel erspart. Dann lägst du jetzt nicht hier und müsstest nicht überlegen, wie dich deine Familie ertragen soll, wenn du nach Hause kommst und nicht wieder bist wie vorher, äußerlich und innerlich.

So einfach wäre das gewesen.

Warum hat dir das keiner gesagt?

Warum hast du keinen gefragt?

14. KAPITEL

Der Arm rührt sich!

Morgens beim Aufwachen. Ein wahnsinniges Gefühl. Plötzlich funktioniert es wieder, dieses leblose Stück Fleisch, das die ganze Zeit an dir herunterhing wie ein ausgestopfter Strumpf. Es sind erst nur Zentimeter, die du ihn bewegen kannst. Die Finger ein bisschen krümmen. Den Ellbogen ein paar Grad biegen. Trotzdem kommt es dir vor wie ein Wunder. Blöder Gedanke, gleich wieder weg: So ähnlich müssen sich Gläubige ein Wunder von Lourdes vorstellen.

Der Oberarzt auf Visite prüft und lässt dich vorführen. Er nickt anerkennend. Er fragt, ob du Schmerzen spürst.

Doch. Darüber hast du wohl hinweggesehen in deiner ersten Begeisterung. Die völlige Gefühllosigkeit ist einem Schmerz gewichen. Du kannst ihn schlecht beschreiben. Am ehesten noch so: Es ist, als hättest du unvorsichtig ein ungeschütztes Stromkabel angefasst und einen Schlag bekommen. Das ist dir ein paarmal widerfahren, weil du zu nachlässig warst, um die Sicherungen herauszuschrauben. Dann hast du einen gewischt bekommen. Es war jedes Mal gleich vorbei. Diesmal bleibt es. Ein Schlag.

Ob das für immer bleibt, willst du wissen.

Der Oberarzt wiegt den Kopf, als wolle er einer Antwort ausweichen. Es müsse nicht sein, antwortet er dann doch, aber man müsse grundsätzlich mit allem rechnen.

Alles in allem, sagt der Oberarzt, seist du aber jetzt auf einem guten Weg. Und überhaupt, du wüsstest schon.

Ja, du weißt. Inzwischen haben sie dir oft genug erklärt, dass diese Krankheit zu den großen Todesverursachern zählt, gleich nach Krebs und Herzinfarkt. Und dass ein Fünftel oder gar ein Viertel der Schlaganfallpatienten daran stirbt, unmittelbar oder nach kurzem. Dass die Patienten immer jünger werden, dass es längst nicht mehr nur ein Leiden von Altersheiminsassen ist. Dass die Betroffenen nur zum weitaus geringeren Teil zurückkehren können an ihren Arbeitsplatz, um das Gleiche zu tun wie vorher.

Aber du wirst wiederkommen! Seit heute Morgen bist du überzeugt: Sie müssen mit dir rechnen. Kein freier Schreibtisch, keine vakante Stelle, kein Nachfolger im Wahlstudio. Das können sie mit dir nicht machen.

Du erinnerst dich an die Kollegen im Sender, die Knall auf Fall verschwanden, einfach nicht mehr zum Dienst erschienen oder zur Redaktionskonferenz, und nie mehr gesehen wurden, über deren Zustand man nur ab und zu Bedrückendes erfuhr. Dass einer seit der bewussten Minute nicht mehr sprechen kann, kein einziges verständliches Wort, keinen zusammenhängenden Satz. Einer, der berühmt war für seine flammenden Kommentare. Dass ein anderer, der abenteuerlichste Reportagen aus der Welt mitbrachte, seinen völlig verkrümmten Körper nicht mehr geradebiegen kann. Ein dritter sich nicht mehr erinnern kann, wo er gearbeitet hat und was. Natürlich hast du nie darüber nachgedacht, dass so etwas eines Tages auch dich treffen könne. Wieso denn auch?

Aber jetzt geht es bergauf. In den letzten Tagen ist es mit dem Laufen immer besser geworden, du hast noch deine Krücke benutzt, aber irgendwann hast du sie fast zornig weggeworfen. Bloß der Arm hat dir Sorgen gemacht! Und die

Augen! Wenn nur eines von beiden besser wird, hast du dir geschworen, willst du zufrieden sein und dich nicht mehr beklagen.

Nun ist es so weit!

Plötzlich spürst du ein Hochgefühl, als hättest du einen riesigen Sieg errungen. Was kann jetzt eigentlich noch schief gehen? Du hast es doch von Anfang an gesagt, oder sagen wir, vom dritten Tag an: Das könnt ihr mit mir nicht machen!

Vielleicht war das Ganze doch nicht so schlimm. Vielleicht kannst du bald zurück an deinen Schreibtisch und vor die Kamera und rechtzeitig deine geplante Reise nachholen: zur Revolution in Leipzig.

Die Lesungen, die für nächste Woche verabredet waren, in Lage, in Wiedenbrück und in Kiel, sind abgesagt; das schaffst du natürlich nicht. Die Moderation des Jazzklubs fällt ebenfalls flach. Der Bundespresseball muss nicht sein, obwohl du dort eines großen Auftritts gewiss sein könntest, denn sie haben bestimmt alle die *Bild*-Zeitung gelesen.

Aber nach Leipzig! Da musst du endlich hin. Da musst du ja nicht reden. Da musst du dich ja nur freuen.

15. KAPITEL

Im Fernsehen Unglaubliches: Die Grenze ist offen!

Live von der Bornholmer Brücke: der Strom von Trabis und Wartburgs und Fußgängern. Durch ein Spalier begeisterter Westberliner schieben sie sich. Ost und West fällt sich in die Arme, sie trommeln mit den Fäusten auf die Pappe oder das Blech, die das bekanntlich nicht gut vertragen, aber heute ist alles egal: Die Grenze ist offen! Nach 28 Jahren. Ein kollektiver Taumel, an dem dank moderner Technik die ganze Nation teilhaben kann.

Du liegst in deinem Krankenhausbett und heulst. Erstens über das, was du auf dem Bildschirm siehst. Zweitens darüber, dass du im Krankenhaus liegst, anstatt dabei zu sein.

Ein Reporter steht auf der Brücke und hält den herüberdrängenden Ostlern sein Mikrofon unter die Nase. Monoton fragt er jeden, was er empfinde in diesem Augenblick. Jeder versucht höflich, eine sinnvolle Antwort auf die unsinnige Frage zu geben. Warum sagt nicht einer ironisch: Langeweile.

Wer von uns Westlern kann ermessen, was diese Stunde bedeutet? Kannst du es? Bist ja selbst schon fast vier Jahrzehnte weg aus der DDR. Aber du hast sie nie aus dem Auge verloren, das Land und die Leute. Du würdest sie etwas anderes zu fragen wissen in diesem Augenblick. Aber vielleicht würdest du sie gar nichts fragen, nichts Peinliches, sondern sie einfach nur reden lassen, sprudeln, sich überschlagen.

Wenn du gesund wärest, nur mal angenommen, wie würdest du auf dem schnellsten Wege von hier nach Berlin kommen? Der letzte Flieger ist geflogen, der Zug braucht endlos lange, du müsstest dich in dein Auto setzen und Gas geben: dreieinhalb Stunden bis Helmstedt und …

Du würdest es tun.

Vielleicht würdest du wieder in einen Stau geraten, aber damit, denkst du, kannst du inzwischen umgehen.

16. KAPITEL

Sie sagen, sie könnten jetzt nicht mehr viel für dich tun in der Klinik. In ein paar Tagen, am besten Anfang der Woche, könnest du nach Hause.

Dabei hast du dich hier langsam eingelebt. Dein Einzelzimmer findest du immer noch nicht wohnlich oder gar gemütlich, aber es ist dir unterdessen vertraut. Den Druck von August Macke an der Wand könntest du inzwischen fast aus dem Gedächtnis kopieren, jedenfalls in groben Zügen. In den Betrieb der Gesundheitsfabrik hast du dich leidlich integriert, ohne zu maulen. Das Fiebermessen morgens halb sechs hältst du nach wie vor für völlig blödsinnig, aber du lässt es stoisch über dich ergehen. Sie tun ihre Pflicht, wie sie ihnen vorgeschrieben ist. Beim Fernsehen ist auch manches völlig blödsinnig und wird bei genauem Hinsehen nur deswegen getan, weil es schon immer so gemacht wurde. Also gibt es keinen Grund, sich über Unsinn anderswo zu erregen oder zu belustigen. Die Krankenhausküche kannst du ertragen, weil dir deine Familie jeden Tag etwas Essbares vorbeibringt. Und etwas Trinkbares. Es wird stillschweigend übersehen, dass du den Pfefferminztee zum Abendessen durch Rheingauer Riesling von Zuhause ersetzt. In Italien, das weißt du, überleben Krankenhauspatienten sowieso nur, weil sie von ihren Familien mit Lebensmitteln versorgt werden. Warum soll es hier völlig anders sein? Das Personal ist freundlich zu dir, und du bist inzwischen der

Überzeugung, das habe nicht mit der Zusatzversicherung zu tun, sondern damit, dass du ein umgänglicher, geduldiger Patient bist.

Es kommt dir fast vor, als gehörtest du hierher. Aber was sollen sie noch mit dir?

Die Infusion ist inzwischen abgesetzt worden. Die Untersuchungen sind beendet. Eine messbare Ursache deiner Krankheit haben sie immer noch nicht gefunden. Die anderen, die nicht messbaren Ursachen, sagen sie dir, die müssest du selbst wissen.

Nein, hier hast du nichts mehr verloren. Es bringt dich auch nicht weiter, jeden Tag unter Anleitung einer Therapeutin eine Stunde lang mit Klötzchen zu bauen oder Kombinationsspiele zu machen. Die Therapeutin tut dir richtig Leid, aber du kannst nicht vorgeben, dich dafür zu interessieren, dir ungerade Zahlen oder bunte Schmetterlinge zu merken. Ihr Programm ist nun mal so, zugeschnitten wohl auf Kinder oder vielleicht auch auf Doofe, daran kann sie nichts ändern. Du sagst, wenn sie dir Fragen aus dem richtigen Leben stellte, politische Meldungen, oder gerade jetzt Fragen über die DDR ... Aber sie muss nach bunten Schmetterlingen fragen und an deinem Desinteresse verzweifeln.

Ulrike und dein Freund Calle spielen jeden zweiten Abend mit dir *Trivial Pursuit*. Da wird Wissen abgefragt, verstaubtes altes Bildungsgut ebenso wie Neuestes von Rock und Pop. Der Hadrianswall und Michael Jackson, die ersten Olympischen Spiele der Neuzeit und die letzten Beitritte zur Europäischen Gemeinschaft. Zu deiner eigenen Überraschung klappt das Spiel ganz gut. Du gewinnst sogar meistens, wie früher. Du hast die beiden im Verdacht, dich aus psychologischen Gründen gewinnen zu lassen, aber das weisen sie strikt und empört von sich. Dein beschädigtes Gehirn funktioniert also noch. Jedenfalls so weit es den alten Kram angeht. Das tut dir gut.

Aber der Runninggag ist immer noch nicht ausgelaufen: der Name deiner Krankheit? Du hast ihn längst auf einem Zettel stehen, der neben dem Telefon liegt. Es wäre zu peinlich, wenn dich jemand fragte, was du denn habest, und du müsstest sagen: Ja, das ist so eine Krankheit, weißt du, bei der man nicht weiß. Das muss noch werden. Und wenn dich Freunde anrufen, um dir alles Gute zu wünschen, weißt du nach fünf Minuten nicht mehr, wer es war. Der Dingens hat angerufen, erzählst du, der diese Sendung da macht mit diesen Sachen, du weißt schon. O ja, du hast noch einiges vor dir. Aber du hast das Gefühl, das Schlimmste hinter dir zu haben.

Schreiben übst du. Wie ein Erstklässler. Wirklich ganz bei Null fängst du an. Natürlich kennst du, im Unterschied zu einem Anfänger, die Buchstaben und kannst sie zu Wörtern zusammensetzen, mit fehlerfreier Orthografie. Aber die Buchstaben zu Papier zu bringen ist eine Heidenarbeit. Die Hand will alles andere als schreiben. Aber sie muss. (Lange danach wirst du hier und da beschriebene Zettel finden von damals oder Eintragungen in deinen Notizkalender nachlesen: krakelig, eckig, manche kaum lesbar.)

Das Abschlussgespräch.

Woran hat es also gelegen? Sie haben nichts gefunden, wovon man sagen könnte: Das war die Ursache.

Ihr redet über diese Autofahrt ein paar Tage zuvor, diesen gigantischen Stau, deine blödsinnige Hektik. Ja, das kann ein typischer Auslöser gewesen sein. Typisch auch, dass es erst ein paar Tage später geschah, als alles wieder in ruhigen Bahnen war. Man kennt das: nie auf dem Höhepunkt.

Aber das kann nur der Auslöser gewesen sein. Was war die Ursache? Darüber, wird dir aufgetragen, musst du nachdenken. Um es abzustellen.

Das dauernde Gefühl: du musst! Das Gefühl: du könntest etwas versäumen. Ja, das ist etwas, worüber du nachdenken wirst. Das ist sogar, scheint dir, die einzige wirklich wichtige Frage, die sich dir jetzt, danach, noch stellt.

Übrigens war da noch etwas: ein zweiter, ein leichter Schlaganfall kurz nach dem ersten, aber auf der anderen Seite. So etwas kommt vor und ist oft ein Anzeichen dafür, dass der Patient Rauschgift genommen hat, insbesondere Crack. Hast du eventuell?

Ach Gott: Rauschgift! Als du ganz jung warst und nicht kneifen wolltest, so ähnlich wie bei der ersten Zigarette, hast du mal Hasch probiert. Und später auch Marihuana. Das war im Grand Canyon, als ihr nachts ums Feuer saßet und die Stimmung danach war, an einem verrückten Ort etwas Ausgeflipptes zu tun. Es hat nicht gewirkt, beide Male. Fehlversuche. Es ist einfach nichts passiert. Wahrscheinlich, hast du gedacht, muss man dafür konstruiert sein, damit man etwas merkt. Wahrscheinlich, hast du gedacht, wird man von Rauschgift nicht verkorkst, sondern man muss verkorkst sein, damit es überhaupt wirkt. Du hast es nie wieder angefasst und nie vermisst.

Nein, sagst du, Fehlanzeige.

Was sollst du also tun, wenn du zu Hause bist? Dich viel bewegen, natürlich. Wohldosierte Belastung. Laufen, Treppensteigen, keinen Lift benutzen. Die Feinmotorik fördern, auch keine Frage. Fingerfertigkeit trainieren.

Aber was sollst du zum Beispiel mit deinem Arm machen? Hanteltraining? Expander? Dich richtig quälen? Oder besser Geschicklichkeitsübungen? Fummelkram? Also eher Kraft oder eher Bewegung? Oder beides?

Du sollst tun, erfährst du, was dir am besten bekommt.

Aber wie bekommst du das heraus, ohne etwas kaputtzumachen?

Es bleibt bei der unbefriedigenden Auskunft: Tun, was dir gut tut.

Wie wird es mit den Folgen der Krankheit? Werden sich die Augen regenerieren? Beziehungsweise der Sehnerv?

Aller Voraussicht nach: ja. Du wirst wieder besser sehen können. Vielleicht nicht wie früher, aber besser als heute.

Autofahren? Daran denken wir im Augenblick besser noch nicht. Erstmal wieder besser sehen und vernünftig lesen. Denn immer noch musst du jeden Satz entziffern, indem du Wort für Wort einzeln ins Visier nimmst.

Und immer noch hast du in deiner rechten Körperhälfte von Kopf bis Fuß dieses pelzige Gefühl. Wird das bleiben?

Nerven, wird dir ein weiteres Mal erklärt, brauchen länger als alles andere im menschlichen Körper, um sich zu regenerieren. Aber die Chancen seien da.

Und die Schmerzen im Arm?

Das könne dauern. Vielleicht Jahre. Aber es gebe auch hier eine Chance.

Also hoffen wir mal. Was sonst?

17. KAPITEL

Heimkehr.

Am Gartenzaun die Girlande aus bunten Buchstaben: »Herzlich willkommen!« Du kennst sie, sie ist für den Kindergeburtstag. Ihr habt zwei solche Girlanden, auf der anderen steht: »Fröhlichen Geburtstag!« Eigentlich hätte diese zweite auch gut gepasst, es ist wirklich wie noch einmal Geborenwerden nach dem Schlamassel.

Andererseits warst du ja nicht sehr lange weg. Manche bleiben Monate in der Klinik, und dein Vater ist damals im Krieg für immer weggeblieben. Wir wollen also nicht übertreiben. Immerhin waren aber die zwei letzten Wochen besondere in deinem Leben. Sie haben dir demonstriert, dass du wunderbar planen und planen kannst, dass sich aber das Leben unter Umständen einfach nicht daran hält.

Die Kinder springen aus der Tür, sind heute extra nicht in den Kindergarten gegangen, um den Papa begrüßen zu können. Sie wissen immer noch nicht genau, was vorgefallen ist. So ganz geheuer war ihnen das Krankenhaus nicht, mit den weiß getünchten Zimmern und dem kalten Licht, den Schläuchen und dem merkwürdigen Geruch, den Rollstuhlfahrern und den an Krücken Humpelnden auf den langen Gängen. Gut, dass der Papa daraus befreit ist.

Ein formidabler Frühstückstisch, wie sonst an Sonntagen, ist gedeckt und eine Flasche Champagner gekühlt.

»Du hast uns gefehlt.«

Da kannst du nur, wenig originell, erwidern, dir sei es ebenso gegangen.

»Wie geht es nun weiter?« fragt sie, als ihr nach dem Frühstück noch beisammen sitzt. »Es muss doch etwas geschehen mit dir. Du bist doch noch lange nicht wieder gesund.«

So richtig darüber nachgedacht hast du noch nicht. Wie denn auch? Erstmal musstest du überleben. Dann langsam wieder zu dir kommen. Dann musste dein Körper einige ganz einfache Fähigkeiten wieder erlernen. Und du wolltest raus aus dieser Klinik. Aber danach?

Arbeiten kannst du noch längst nicht wieder. Du bist ja noch völlig groggy, nach einer Viertelstunde Reden oder Lesen oder Laufen bist du reif zum Langmachen. Du musst dich berappeln. Aber wie?

»Hast du es dir überlegt mit der Kur?«

Du hast es dir überlegt, aber du willst nicht zur Kur.

Alle raten dir dringend dazu, die Ärzte, die Freunde, auch die Ärzte unter den Freunden: du musst das machen, anders kommst du nicht wieder auf die Füße. Zu Hause tust du nicht genug für dich – oder das Verkehrte.

Aber du willst nicht.

Du warst noch nie in deinem Leben zur Kur. Wozu auch? Kuren, hast du immer gedacht, sind vor allem für Faulenzer und Hypochonder. Du kennst ja auch die Kolleginnen und Kollegen, die alle drei Jahre diesen Zusatzurlaub genießen und dir grinsend erklären, brauchen bräuchten sie es eigentlich nicht, und wahnsinnig ernst täten sie es auch nicht nehmen mit den Anwendungen und der Diät, aber so einen Zusatzurlaub, bezahlt obendrein, dürfe man sich doch nicht entgehen lassen. Du hast einen Horror vor einer solchen Gesellschaft.

Andererseits hättest du wahrlich einen Grund. Du warst bei Gott richtig krank, bist sozusagen knapp vorbeigeschrammt und fühlst dich immer noch schlagkaputt. Also, warum gehst du nicht?

Weil du nicht willst.

Warum?

Weil du, trotz aller Anzeichen, nicht wahrhaben willst, wie schwer es dich erwischt hat. Weil du eigensinnig darauf beharrst, dass man so etwas allein bewältigt. (Warum, wirst du dich später fragen, warst du eigentlich so störrisch? So kindisch und uneinsichtig? Du wirst es dir nicht mehr erklären können. Du wirst nur noch den Kopf über dich schütteln. Und du wirst den einen oder den anderen Störrischen mit Engelszungen bereden und mit Erfolg davon überzeugen, nach dieser Krankheit zur Rehabilitation zu gehen. Was denn sonst?)

Ulrike lässt nicht locker: »Ich werde ein paar Leute einladen, die es dir erklären.«

»Die können alle gern kommen, aber wir reden bitte über etwas anderes.«

»Du bist stur. Jeder rät dazu, aber der Herr weiß alles besser mit seiner Lebenserfahrung.«

»Ihr wollt mich abschieben, damit ich auch nicht störe. Möglichst weit weg. Aber den Gefallen tue ich euch nicht«

Sie schaut dich erstaunt an, dann schüttelt sie den Kopf: »Du bist ja nicht bei Trost.«

Ach, sie sollen dich doch alle in Ruhe lassen!

18. KAPITEL

Spazieren gehen im Park.

Es nieselt, wie es sich für Deutschland Mitte November gehört. Die Blätter rascheln nicht unter deinen Schritten, sie kleben feucht an deinen Sohlen. Du hast deine alte blaue Schirmmütze hervorgekramt, die du mal für umgerechnet vier Mark in Peking gekauft hast und die wirklich von unverwüstlicher Qualität ist. Einen Regenschirm hast du überdies dabei und spannst ihn auf, als aus dem Niesel richtige Tropfen werden. Du versuchst den Schirm mit rechts zu halten, aber das gelingt dir immer nur für eine Minute, dann kippt der Schirm zur Seite, und du musst die Hand wechseln. Alte Herrschaften begegnen dir, keine jungen Leute, es ist ja Werktag, manche schreiten rüstig aus, andere schleichen gebückt am Stock, einige werden von einem ungeduldigen Hund an der Leine vorangezerrt. Das also ist jetzt erstmal dein Milieu.

Du kannst schon wieder ganz gut einen Fuß vor den anderen setzen, was an sich keine schwierige Betätigung ist. Nur ab und an, sobald du nicht auf die Schritte achtest, knickt das Bein ein, und du gerätst ins Straucheln. Aber du kannst dich darauf konzentrieren, hast ja sonst nichts zu tun. Der gehässige Witz fällt dir ein, den Lyndon B. Johnson über seinen Nachfolger geprägt haben soll: Der könne nicht zwei Dinge zur selben Zeit tun, zum Beispiel Gehen und Kaugummi kauen. Du musst gehen und aufpassen.

Morgens schläfst du aus, wie du es immer gern getan hättest als geborener Abend- und Nachtmensch. Ja, sogar deine Berufswahl hatte, unter anderem jedenfalls, damit zu tun, dass Journalisten, mindestens in der Regel, später ran müssen als andere Sterbliche; darum werden sie von diesen anderen oft beneidet, die allerdings meist nicht bedenken, dass ihr in diesem Beruf, zum Beispiel bei Livesendungen spät am Abend, wenn manch andere bierselig und gedankenverloren in die Glotze glotzen, noch topfit sein müsst.

Frühstück, Zeitung, ausführlich. Es dauert seine Zeit, denn immer noch liest du Wort für Wort mit deinem angeknacksten Sehnerv und kannst nicht Satz für Satz überfliegen wie vorher. Eineinhalb Stunden hast du zu tun, mit Wirtschaftsteil, Lokalem und Todesanzeigen, manchmal denkst du: Wie hätte deine Anzeige wohl ausgesehen? Nie warst du so gut auf dem Laufenden wie jetzt, wenngleich euer Heimatblatt dich bescheiden informiert im Vergleich mit der »Süddeutschen«, zu der du in der Redaktion morgens als erstes greifst. Leider kannst du dein Wissen bis auf weiteres nicht nutzbringend einsetzen, denn keiner fragt dich danach. Keiner sagt: Sollten wir darüber nicht eine Sendung machen? Keiner erwartet, dass du sagst: Sollten wir darüber nicht eine Sendung machen? Abgenabelt, ausgeklinkt, ein neues, ein blödes Gefühl. Du informierst dich, um ganz zweckfrei informiert zu sein.

Nach der Lektüre also der Morgenspaziergang. Du musst an Loriot denken: »Willst du nun spazieren gehen, oder willst du nicht spazieren gehen?« Nein, du willst nicht spazieren gehen. Nie wolltest du spazieren gehen. Schon als kleiner Junge hattest du einen tiefen Widerwillen dagegen, am Sonntag in weißen Kniestrümpfen durchs Rosental zu laufen, immer gesittet und nie auf schmutzigen Abwegen durchs Unterholz oder barfuß durch den schlammigen Fluss. Wandern: ja. Oder zu Fuß durch fremde Städte. Durch Altstädte mit verwirrenden Gassen und betäubenden Gerüchen: ja. Aber Spazierengehen?

Du musst. Das ist Therapie. Du tust ohnehin zu wenig für deine Genesung.

Also mit dem Schirm durch den Kurpark. Es strengt dich mordsmäßig an. Du gehst langsam, aber es strengt dich genauso an wie früher vielleicht zügiges Joggen. Alle 50 bis 100 Meter steht im Park eine Bank. Auf jeder zweiten, mindestens, musst du Platz nehmen und ausruhen. Wie kann man bloß so groggy sein?

Ein sportliches Ass warst du ja nie, Geräteturnen verfolgte dich als Horror durch Kindheit und Jugend, ausdauernd warst du immer. Früher, zugegebenermaßen sehr viel früher, hast du ziemlich ausschweifende Radtouren unternommen, von Jugendherberge zu Jugendherberge, manchmal war es auch nur ein Heuschober oder ein Kornfeld, denn vorbestellt hattest du dein Bett nie, das hättest du spießig gefunden. Eine furchtbare Vorstellung war es, wie manche deiner Klassenkameraden im Fond des Ford Taunus oder Opel Rekord nach Jesolo oder an einen anderen Teutonengrill kutschiert zu werden. Nein, du wolltest Freiheit genießen, oder was du damals darunter verstandest. Mit dem Rad quer durchs Land, auf jeden Berg hinauf, der im Wege stand, die Kesselbergstraße zum Walchensee, ohne Anhalten, Ehrensache, Ehrgeiz. An die 200 Kilometer am Tag waren es manchmal. Das hätte nicht für die Tour de France gereicht, nicht mal für die Friedensfahrt, war aber ganz anständig.

Und jetzt?

Im Krankenhaus hast du still vor dich hin gelegen, da fiel dir nur auf, dass du dauernd müde warst, die Lider wie aus

Blei. Das schien normal zu sein. Jetzt spürst du erst richtig, dass du ein Wrack bist.

Ob das halbwegs wieder wird?

Du hattest noch so viel vor. Einiges hast du schon früher hinter dich gebracht, aber es hat immer nur Appetit auf mehr gemacht. Zum Beispiel musst du an die Besteigung des Psyloritis denken. Das ist, wie du bei dieser Gelegenheit gelernt hast, der höchste Berg von Kreta, ein göttlicher Berg, Klassiker nennen ihn den Berg Ida, man zeigt die Höhle, in der Zeus geboren sein soll. Stunde um Stunde steil bergauf, der junge, kräftige Bergführer, der sein Deutsch beim Daimler in Stuttgart gelernt hat, schreitet mit strammem Schritt euch voran, 18 Kilometer weit über Steine und Wurzeln, 2000 Meter Höhenunterschied vom Dorf bis auf den Gipfel. Oben angekommen, warst du praktisch tot. Und Zeus, oder wer immer dort zuständig ist, hatte den phänomenalen Ausblick auf Meer im Norden und Meer im Süden mit Wolken verstellt. Also lieft ihr wieder runter, und du machtest die interessante Erfahrung, dass man beim Laufen Muskelkater bekommt und er, wenn man bloß nicht anhält, beim Laufen wieder verschwindet, sodass man am nächsten Morgen taufrisch erwacht. Mediziner können das leicht erklären.

Und die Wanderung durch die Samaria-Schlucht auf Kreta. An ihrer schmalsten Stelle ist sie so eng, dass du durchs Wasser waten musst und mit ausgestreckten Armen die Felswände zu beiden Seiten greifen kannst. Heute, erzählt man dir, pulst dort der Massentourismus. Damals hast du sechs Leute getroffen auf dem ganzen tageslangen Weg. Unten am Meer empfing dich – damals – ein gottverlassenes Dörfchen, in dem nur noch jedes dritte Haus bewohnt war. In der Scheune des einzigen Gasthauses konnte man auf Feldbetten übernachten, für umgerechnet zwei Mark. Am nächsten

Tag ging es wieder bergauf, in brütender Sommerhitze. Zum Schluss habt ihr alle 20 Meter Pause gemacht.

Ja, solche Sachen. Wunderschöne Sachen. Die gingen damals natürlich. Und du hattest noch mehr in dieser Art vor.

Aber wenn du Pech hast, reicht es wirklich nur noch für den flachen Strand von Jesolo oder die Kurpromenade von Bad Kissingen. Nicht, dass du irgendetwas gegen Bad Kissingen hättest, zumal du noch nie dort warst, aber: später! Viel, viel später!

Du hast einen kleinen Gummiball von deinen Kindern in der Manteltasche und knetest ihn. Muskeltraining. Bis es wehtut. Vielleicht hilft es ja. Zu Hause kommt dann die Feinmotorik an die Reihe, Stäbchen durch die Finger gleiten lassen, Knöpfe auf- und zuknöpfen, immer wieder schreiben und schreiben.

Du möchtest in deine Redaktion. Hättest nie gedacht, dass sie dir so fehlen könnte.

Wenngleich du andererseits die Erfahrung machst, dass es offenbar eine Zeit lang auch ohne deinen Schreibtisch geht. Das wirst du beobachten müssen. Vielleicht ist es einer der Schritte zur Genesung, nicht mehr zu glauben, ohne dich könne alles nur schief gehen.

Vor allem möchtest du endlich nach Leipzig. Du möchtest nicht unnütz durch diesen nebligen Park laufen.

Nach Hause aus der Nässe in die Wärme. Mittagessen mit der Familie. Die Kleinen plaudern aufgeregt über das neue Kind im Kindergarten. Wenn du deine Rasselbande nicht hättest!

19. KAPITEL

Wenn du also keinen hohen Blutdruck hast und keine verengten Arterien und keine Diabetes und bloß ein bisschen erblich belastet bist und schon lange nicht mehr rauchst und Alkohol annähernd in Maßen trinkst: Woran lag es also?

Am Stress? Diesem schillernden Phänomen?

Die einen klagen über ihre unerträgliche Belastung, die anderen tragen sie vor sich her wie eine Auszeichnung. Zwölf-Stunden-Tag! Ohne Stress keine Wichtigkeit.

Es macht aber auch etwas her, wenn man nachweisen kann, dass man eigentlich zu viel am Halse hat und es nur bewältigt, weil man so verdammt gut ist. Dreizehn-Stunden-Tag. Es gibt ja auch niemanden, der einem die Verantwortung abnehmen könnte. Der annähernd die Kenntnisse hat und die Souveränität, um die richtigen Entscheidungen zu treffen. Wenn sie manchmal auch in die Pleite führen. Daher eben der Vierzehn-Stunden-Tag. Natürlich sind die Geschäftsessen eingerechnet. Und die Empfänge. Und die eine oder die andere sonstige Verpflichtung. Da geht man ja nicht freiwillig hin. Freiwillig würde man Rasen mähen oder Briefmarken sortieren. Auch in der Sauna kann man übrigens übers Geschäft reden, manchmal sogar besonders entspannt. Oder auf dem Golfplatz. Elf Stunden am Tag werden es allemal, egal, wie man rechnet.

Auch beim Fernsehen gibt es die Vierzehn-Stunden-Legenden. Aber auch beim Fernsehen gilt, dass höchstens drei oder vier Leute höchstens ab und zu höchstens vierzehn Stunden wirklich zu arbeiten haben.

Aber man kann sich hetzen lassen.

Dir kommt ein Beispiel in den Sinn, ein eigenes. Ein Beispiel dafür, wie man es nicht machen sollte.

Junge Fernsehjournalisten empfinden es als erste Auszeichnung, wenn ihnen jemand auf der Straße sagt: »Hören Sie, ich habe Sie gestern im Fernsehen gesehen, Sie haben das aber prima gemacht.« Die nächste Auszeichnung ist die erste gute Kritik in der Presse, wenngleich man später lernt, dass eine gute Kritik ebenso weitgehend vom Zufall abhängt wie eine schlechte. Aber das ist ein Thema für sich.

Eine besondere Auszeichnung in etwas späteren Jahren des Berufs ist der Adolf-Grimme-Preis. Er ist nicht so berühmt wie die »Goldene Kamera« oder der »Bambi«, aber er ist ernst. Bei den anderen Preisen wird man das Gefühl nicht los, dass der Preis allenfalls zur Hälfte den Preisträger ehren, aber zur anderen Hälfte den Preisverleiher schmücken soll. Und Dieter Hildebrandt wird ein Zitat nachgesagt, echt oder nur gut erfunden: »Wer einen Bambi bekommt, der hat ihn auch verdient.«

Der Adolf-Grimme-Preis ist in Marl zu Hause und wird dort jedes Jahr im Rahmen einer Zeremonie verliehen.

Du wolltest ohne Eile dorthin fahren, dich im Hotel frisch machen und in aller Ruhe die Veranstaltung genießen. Aber das ging nicht. Denn am selben Tag wurde in Stuttgart Alt-Bundeskanzler Kiesinger mit einem Staatsakt geehrt. Den solltest du kommentieren.

Warum eigentlich du?

Weil Sie sowas immer machen.

Richtig, du kamst dir schon vor wie der Chefbestatter der Republik.

Warum kann das nicht diesmal jemand anderes machen? Du bist doch nicht der einzige, der ein paar zusammenhängende Sätze ins Mikrofon sprechen kann.

Aber Sie haben die größte Erfahrung mit Live-Übertragungen. Und das muss anständig gemacht werden, zuverlässig, da darf keine Panne passieren. Sowas ist heikel. Sie sind unser Mann für sowas.

Nun gut, du hast x-mal etwas live kommentiert, und einmal war logischerweise das erste Mal. Das war beim Besuch von Jimmy Carter im Frankfurter Römer. Fast eine halbe Stunde Verspätung hatte Carter auf dem Weg von Wiesbaden nach Frankfurt, die musstet ihr überbrücken mit schönen Bildern und passenden Worten, der Alptraum eines jeden am Mikrofon. Ihr habt es ganz gut hingekriegt, damals, und du durftest von da an immer wieder. Jetzt musst du sogar.

Wie gesagt, der Staatsakt in Stuttgart: du möchtest lieber in Ruhe zum Adolf-Grimme-Preis!

Ach was, das kriegen wir schon irgendwie hin. Bloß eine Frage der Logistik.

Ihr habt es natürlich hingekriegt.

Der Staatsakt in Stuttgart dauert länger als geplant, das ist immer so. Ein Dienstwagen wartet und bringt dich zum Flughafen. Stau, Umleitung, Stau. Der Puls geht forsch. Und immer denkst du: Muss das eigentlich sein? Wer bist du denn, dass du dich durchs Land hetzen lässt, als seist du kein normaler Fernsehredakteur, sondern ein Staatsmann oder ein Staatsgast. Die Maschine ist zum Glück nicht pünktlich, sodass du sie mit hängender Zunge erreichst. Sie landet also auch nicht pünktlich in Düsseldorf, der Dienstwagen wartet schon eine Weile. Er hat Ulrike mitgebracht. Und einen frischen Anzug. Auf die Autobahn, auch dort Stau, Stau, Stau. Es wird eng und enger, du kommst nicht mehr ins Hotel, du stellst fest, dass man sich mit etwas Geschick im Fond des Wagens umziehen kann. Wenn du nicht aufpasst, fängst du doch noch an, die ganze Hetze toll zu finden.

Nach Marl. Die Preisverleihungszeremonie beginnt gerade. Wer sagt's denn, du hast nichts versäumt. Du kannst ein bisschen verschnaufen, weil erst andere Preisträger ausgezeichnet werden. Dann bist du an der Reihe.

Das ist nun, ohne Frage, ein Höhepunkt so einer beruflichen Laufbahn. Zum Glück hast du wenigstens ein frisches Hemd an.

Du sitzt auf der Bühne zwischen Bernhard Wicki und Heinrich Breloer, dahinter weitere Kolleginnen und Kollegen, die mit daran gearbeitet haben, dass dieses Medium nicht ganz verkommt. Dieses Fernsehen, das mal angetreten war, vielleicht etwas zu elitär, als Vermittler von Kultur, das sich aber auf den Weg begeben hat, Supermarkt für schnell verderbliche Ware zu werden. Leichte Häppchen für's Hirn. Wer da ein bisschen mit auf die Bremse tritt, darf in Marl auf der Bühne sitzen, in guter Gesellschaft.

Spät nachts bringt euch der Dienstwagen nach Hause. Übernachten in Marl war nicht drin, eine Sitzung am nächsten Vormittag, Wichtiges, Zeitloses, Fernsehgeschichte. Was es war, hast du vergessen.

Wenn du an diesen Tag denkst, kannst du nur noch den Kopf schütteln. Vor allem über dich: Warum lässt du so etwas mit dir machen?

Nein, du lässt so etwas nicht mehr mit dir machen.

Endgültig.

Dass man nur immer erst Umwege gehen muss.

20. KAPITEL

Dein Ausnahmezustand wird allmählich zur Normalität. Aber das darfst du nicht zulassen, du musst so schnell wie möglich zurückkehren ins richtige Leben. So, wie es jetzt ist, tut es nicht gut, vor allem nicht deiner Ehe.

Alle sagen, du sollst so rasch wie möglich eine Therapie beginnen, wenn du schon nicht zur Rehabilitation willst. Also beginnst du eine Therapie. Aber du kommst mit der Therapeutin nicht zurecht – oder sie nicht mit dir. Du findest, sie erklärt dir zu wenig, was sie mit dir vorhat – aber andererseits zeigst du, wenn du mal ehrlich bist, demonstrativ wenig Interesse für ihre Bemühungen. Du schiebst allerdings den Misserfolg auf sie – und sie wird sagen, mit dir könne man eben nicht arbeiten. Wir brechen das Experiment ab.

Ulrike sagt, du seist manchmal unausstehlich. Oder meistens. Unleidlich, stieselig, gereizt. Nie mehr, auch nicht minutenweise, heiter wie früher. Du hast das selbst noch nicht bewusst wahrgenommen, aber wenn sie es sagt und die anderen ihr zustimmen, muss es wohl so sein. Du versuchst dich zu beobachten und stellst zumindest fest, dass eine erhebliche Veränderung stattgefunden hat. Mit dir? Nur mit dir? Oder zwischen euch? Zwischen dir und allen anderen?

Du beobachtest in der Tat, dass dich die sprichwörtliche Fliege an der Wand auf die Palme bringt. Das Spielzeug der Kinder, über das du beinahe stolperst. Die Zeitung, die wieder nicht richtig zusammengefaltet ist. Sogar deine Gehaltsabrechnung ärgert dich, nicht wegen der Abzüge, sondern weil du der altmodischen Meinung anhängst, dass man für sein Geld auch etwas getan haben sollte.

Sie sagt: »Wir können dich nicht auf alle Zeiten in Watte packen. Es muss ja irgendwie weitergehen.«

Du sagst: »Es hat mich ja schließlich etwas ernster erwischt als bei einem Schnupfen.«

Sie sagt: »Eben deswegen musst du jetzt etwas unternehmen. Warum gehst du nicht zu einem Psychotherapeuten?«

Das fehlte dir gerade noch!

Du bist nicht der hier und da anzutreffenden Meinung, Psychiater seien per se Psychopathen, obwohl du solche durchaus in nennenswerter Zahl kennen gelernt hast und dir auch aufgefallen ist, dass auffällig viele von ihnen erkennbare Probleme mit Ehe und Kindererziehung haben. Nein, du weigerst dich grundsätzlich, für möglich zu halten, dass diese Spezies von Wissenschaftlern dir in irgendeiner Weise behilflich sein könnte. Dein Problem ist nicht die Bloßlegung frühkindheitlicher Störungen, dein Problem ist eine heimtückische Krankheit, deren Folgen du schnell hinter dich bringen musst. Das heißt, du musst ein paar ganz banale Dinge wieder beherrschen, dann tickst du auch wieder richtig. (Du wirst später deine Meinung nicht grundlegend ändern. Aber du wirst zugeben: Was hätte es geschadet, einen Versuch zu machen? Bist du nicht erwachsen genug, um den Versuch abzubrechen, wenn er dir ins Unsinnige abzugleiten scheint?)

Also wühlst du dich weiter durch deine Probleme und gehst deiner Umwelt auf die Nerven.

Manchmal hast du deinen Notiz- und Terminkalender in der Hand, in dem steht, was du jetzt tätest, wenn nicht ... Für den 20.11. ist eingetragen: »Moderation Jazzklub«. Nicht, dass du etwa ein Jazz-Experte wärest. Allenfalls ein Moderations-Experte. Aber du hörst gern Jazz, wenn auch nicht jede Art, kannst die wichtigsten Stilrichtungen auseinander halten und hörst die ganz Großen der Zunft unter den weniger Großen heraus. Weiter nichts. Gerhard Klarner hatte dich der Redaktion empfohlen. Er selbst, der Jazz-Fan und New-York-Fan, konnte nicht mehr moderieren. Seine Krankheit war zu schlimm geworden. Du hast zugesagt, aber es scheint, dass die Redaktion Pech hat mit ihren Moderatoren.

Diese Woche sollten ja auch einige Lesungen sein. Abgesagt. Du würdest, selbst wenn du dich aufraffen könntest, für dein Programm die dreifache Zeit brauchen, Wort für Wort die Zeilen abtastend.

Immerhin kannst du inzwischen doch etwas besser sehen. Das wird gemessen mit einem sinnreichen Gerät: du starrst angestrengt ins Dunkle, und wenn irgendwo in deinem Gesichtsfeld ein Lichtpünktchen aufleuchtet, musst du einen Knopf drücken. Du kommst dir ein bisschen vor wie der Affe, der eine Taste drücken soll, wenn man ihm eine Banane durch die Käfigstäbe hält. Aber es muss ja gemacht werden. Anfangs ergab der Test, dass die rechte Gesichtshälfte fast total ausgefallen war: lauter schwarze Punkte auf dem Testbogen. Nun verirren sich schon ein paar weiße Punkte ins Niemandsland. Es geht bergauf! Und du hast das Gefühl, dass sich die Bilder wieder ganz manierlich zusammensetzen. Der Kubismus ist auf dem Rückzug. Die Ärzte hatten Recht: Der Sehnerv regeneriert sich relativ rasch. Allerdings stehst du vor einem Dilemma, wenn du gefragt wirst, ob es mit dem Sehen wieder sei wie früher: du weißt nicht mehr, wie die Welt aussah, als noch alles in Ordnung war. Sehen lässt sich ja nicht simulieren! (du wirst es in der Tat nie mehr erfahren.)

Kannst du schon wieder unter Menschen gehen? Unter größere Mengen von Menschen? Bisher warst du nur unter engen Freunden, die Bescheid wussten und Rücksicht nahmen. Du musst es probieren.

Du siehst wieder aus wie früher, ein bisschen schlanker sogar, keiner merkt dir äußerlich etwas an. Dass du nicht richtig sehen kannst, sehen schließlich die anderen nicht. Wenn du langsam artikulierst, passiert es dir immer seltener, dass ein Wort stecken bleibt. Dass du dir die Namen deiner Gegenüber nicht merken kannst, lässt sich leicht überspielen. Dass du in Gesellschaft besser mit links isst und trinkst, um nicht dauernd etwas zu verkleckern, fällt nicht weiter auf, Amerikaner tun es immer. Und wenn du frühzeitig kaputt bist, gehst du eben frühzeitig nach Hause.

Also, wo ist das Problem?

Ihr fahrt nach Bergisch Gladbach, zur traditionellen Bergischen Kaffeetafel bei Lübbes. Die meisten Gäste sind offensichtlich keine *Bild*-Leser, haben von deinem Fall nichts erfahren. Dein ehemaliger Chefredakteur Reinhard Appel erinnert sich jedoch, da sei etwas gewesen. Ein Herzinfarkt? Nein, in unserem Beruf trägt man zwar Herzinfarkt, aber bei mir war es bloß diese Altmännerkrankheit: ein Schlaganfall. A propos: Das Wort kannst du dir inzwischen merken: Schlaganfall!

Aber warum sagst du nicht einfach: Ja, ein Herzinfarkt, ziemlich haarig, ging gerade noch mal gut.

Ein schöner Abend. Der erste Versuch, wieder einzutauchen ins normale Leben. Er ist geglückt. Fast bis Mitternacht. Dann allerdings musst du sofort ins Hotel. Kaputt, kaputt, kaputt.

Aber den Ausnahmezustand hast du erstmal beendet.

21. KAPITEL

Das große Fest.

Mit 50 ist natürlich nicht Halbzeit, die ist vorüber, da helfen alle launigen Glückwünsche nichts. Wenn es am Ende gut ausgeht, war vielleicht mit 40 Halbzeit. Die 50 hat eigentlich nichts an sich: Erwachsen bist du schon seit einiger Zeit, alt musst du erst noch werden. Aber die 50 hat eben doch etwas an sich: das halbe Jahrhundert, die griffige Zahl. Sie ist gebührend zu feiern.

Ihr habt das Fest lange vorher geplant. Habt ein Lokal gemietet, was nicht einfach war für den Termin wenige Tage vor Weihnachten, wenn unterm Lichterbaum die Firmen den Schulterschluss mit ihren Mitarbeitern demonstrieren und sie auf die Corporate Identity einschwören. Also hattet ihr den Ort rechtzeitig festgemacht, ein schönes altes Ausflugsetablissement draußen vor der Stadt. Große Mühe hatte es Ulrike bereitet, den Wirt davon zu überzeugen, für diesen einen Abend die Weihnachtsdekoration einschließlich des mächtigen geschmückten Baumes nach draußen zu verbannen. Wir wollten Geburtstag feiern, hatte sie ihm erklärt, nicht Weihnachten.

Tatsächlich hatte es dich als Kind geärgert, von den meisten Verwandten nur ein Geschenk zu beiden Gelegenheiten zu bekommen, damals, als jedes Geschenk begierig erwartet wurde. Später hatte dich nur noch gestört, dass du alle deine

Geburtstagsgeschenke im jahreszeitlichen Weihnachtspapier bekamst. Darüber hast du dich schon längst nur noch im Scherz beklagt, aber jetzt wurde dein Wunsch ernst genommen.

Ihr habt alle eingeladen, die ihr gern dabeihaben wolltet. Enge Freunde, gute Bekannte sowie Verwandte, soweit sie Freunde sind. Fast alle haben zugesagt.

Und nun der Schlaganfall.

Alle haben abgeraten von dem Fest. Das stehst du noch nicht durch, das wird eine Katastrophe. Du kannst es nachholen, wenn du 51 wirst.

Seit Jahren lässt du dich einmal im Jahr ärztlich untersuchen, auf Herz und Nieren prüfen, Check-up, wie man heute sagt. Damit du dir nicht eines Tages vorwerfen musst: Hättest du bloß? Letzte Woche hast du deine aktuellen Ergebnisse erfahren. Sie waren so gut wie seit Jahren nicht. Eigentlich bist du also kerngesund.

»Willst du das Fest?« hat Ulrike gefragt.

Du hast gesagt: »Ja.«

»Also machen wir es.«

Vorzubereiten hast du nichts, das wird alles für dich getan. Du musst nur versprechen, anständig angezogen pünktlich zu erscheinen.

Die Verwandten aus der DDR kommen. In den letzten Jahren durfte schon häufiger mal die eine oder der andere besuchsweise ausreisen, aber immer nur einzeln. Nicht mal die Kinder als zurückgelassenes Faustpfand genügten, um die Eltern gemeinsam reisen zu lassen. Jetzt kommen sie alle auf einen Schlag.

Am Nachmittag vor dem Fest führst du sie durch eure Stadt. Es ist ein merkwürdiges Wetter. Dein Kreislauf spielt verrückt. Das hast du früher nie gekannt, auch nicht bei Föhn in München: die Wetterfühligkeit, über die so viele Menschen klagen. Sternchen vor den Augen. Erst nur ein paar am Rande, dann nur noch Sternchen, flächendeckend. Das Gleichgewicht gerät aus dem Lot. Du musst dich auf einen Brunnenrand setzen, weil keine Bank in der Nähe ist. Du musst ein Taxi nach Hause nehmen und dich langmachen.

Das kann ja heiter werden heute Abend.

Das Fest beginnt. Du hast dich hochgerappelt, mit Tropfen und einem Glas Sekt, es geht einigermaßen. Du hast dir ein paar Worte ausgedacht, um deine Gäste zu begrüßen. Du bist aufgeregt wie vor deiner ersten Livesendung, hast richtig feuchte Hände. In der Tasche der Zettel mit den Stichworten, falls du nicht weiter weißt. Langsam sprechen, dann geht es.

Ja, es geht. Ohne den Zettel.

Wieder ein kleiner Sieg.

Es wird ein schönes Fest, es wird geredet und getrunken auf dich. Du hattest natürlich nicht geahnt, was für ein netter Mensch und toller Kerl du bist. Der Gedanke kommt dir, dass man solche Lobreden üblicherweise jemandem nachschickt, der das Zeitliche gesegnet hat. Lauter geschliffene Nekrologe. Damit kennst du dich aus, deine Redaktion ist verantwortlich dafür, dass beim Tod eines führenden deutschen Politikers ein Film über sein Leben und seine Verdienste abrufbereit im »Giftschrank« vorliegt. Im gleichen Tenor wie die Reden heute Abend.

Aber sie haben es alle ehrlich gemeint. Wahrscheinlich hätte ihnen wirklich etwas gefehlt, wenn du nicht mit knapper Not davongekommen wärst.

Das Fest geht bis in die Puppen, und du als Gastgeber bist der Letzte, der aufbricht. Wie früher. Du bist völlig geschafft, aber glücklich.

Heute war der Tag, an dem du endgültig wieder eingetreten bist ins Leben.

22. KAPITEL

Das Brandenburger Tor wird geöffnet, zwei Tage vor Heiligabend. Du sitzt vorm Fernseher, zum deutschlandweiten kollektiven Feuchte-Augen-Kriegen.

Wann bist du eigentlich zum letzten Mal hindurchgegangen? Es muss wohl 1960 gewesen sein, vor 29 Jahren. Später hast du unzählige Male davor gestanden, auf beiden Seiten, im erzwungenen Abstand, dienstlich und privat, mit dienstlicher Kamera oder privatem Fotoapparat. Sie war eben immer dein Thema, diese vermaledeite deutsche Teilung, in Sendungen und in Büchern, aber auch ganz persönlich, um nicht theatralisch zu sagen: mit dem Herzen.

Die Grenzer haben euch unablässig fotografiert bei den Dreharbeiten, nicht nur hier, auch an Dutzenden anderen Stellen rund um Westberlin und zwischen Lübeck und Hof. Du hast bestimmt eine mitteldicke Akte voller Fotos, vielleicht blätterst du eines Tages darin, jetzt scheint ja alles möglich. Aber du denkst: Was hat es ihnen am Ende genützt? Immer wieder fragst du dich und fragen sich viele: Was hat er ihnen gebracht, dieser sündhaft teure, menschenverschlingende, menschenverachtende und angeblich perfekte Überwachungsapparat? Ist es nicht eine grandiose Erleichterung, mitzuerleben, dass es am Ende darauf überhaupt nicht ankam? Rausgeschmissenes Ostgeld.

Du hast überlegt, hinzufahren nach Berlin zu der lange erwarteten und kurzfristig anberaumten Grenzöffnung am Brandenburger Tor. Müsstest du nicht dabei sein, wenigstens privat, wenn du schon nicht kommentieren kannst? Aber es fehlt dir der Mumm, es fehlen die Kraft und der Entschluss. Du hast dir ein anderes Datum gesetzt, um wieder loszulegen, und das hat noch einen Monat Zeit.

Also sitzt du vor dem Fernseher. In Berlin regnet es Strippen. Tausende stehen unter Schirmen auf beiden Seiten des Tors und warten auf den symbolträchtigen Augenblick. Kohl und Modrow mit Gefolge wollen als erste hindurchschreiten, dann darf das Volk hinterher drängen. Zwei Kollegen haben sich mit Mikrofonen ins Gewühl gestürzt und versuchen zu kommentieren. Rasch haben sie den Kontakt zueinander, zu den Kameras und bisweilen auch zur Regie verloren. Sie rudern in der Menge. Du willst ja kein Besserwisser sein, aber etwas anders müsste man das schon anstellen.

Live! Das Zauberwort eures Mediums. Wenn der Sender in Pressekonferenzen und Mitteilungen ankündigt, künftig mehr live – noch mehr! – senden zu wollen, wird das Versprechen von den beeindruckten Zeitungskollegen begierig aufgesogen und gläubig abgedruckt. Zum Glück macht sich keiner die Mühe, nachzuzählen, um wie viel mehr oder weniger wirklich live gesendet wird. Blenden gehört zum Gewerbe.

Dass du mal ein Live-Freak würdest, hättest du nie für möglich gehalten. In der Schule und noch im Seminar der Universität musstest du an jenem berühmten Kloß im Hals würgen, wenn du vor zwanzig oder nur zehn dir bekannten Menschen mehr als einen Satz sagen musstest. Qualen hast du ausgestanden. Heute bist du geradezu süchtig. Wenn du entscheiden kannst zwischen live und Aufzeichnung, ist deine Wahl eindeutig. Auch wenn du dich manchmal zwei Minuten vor dem Rotlicht selbst verfluchst. Du musst an das »Sonntagsgespräch« mit Eddie Constantine denken. Aufgewachsen ist er mit Englisch bzw. Amerikanisch, seine Eltern sprachen noch Russisch, seine Filmkarriere hat er in Französisch gemacht, seine letzten Jahre lebte er in Wiesbaden mit einer deutschen Frau. Eine halbe Stunde lang in dieser vierten Sprache seines Lebens über sein Leben zu reden, gestand er danach, habe ihn vorher eine schlaflose Nacht gekostet. Du hast ihm gesagt: mich auch. Aber du wolltest auf keinen Fall eine Aufzeichnung.

Die beiden Reporter am Brandenburger Tor irren weiter in der Masse umher und fragen sich durch. Es gibt eine eherne Regel: Bei so einem Gewühl kann einer oder können auch mehrere mit dem Mikrofon in der Masse unterwegs sein, um Stimmen zu fischen und Stimmungen wiederzugeben, aber mindestens einer muss im Übertragungswagen oder in einer Sprecherkabine vorm Monitor kommentieren. Einer braucht den Überblick und muss sehen, was auch die Zuschauer auf dem Bildschirm sehen. Handwerklicher Fehler. Aber es ist ja kein Staatsbegräbnis, das übertragen wird, sondern ein Freudenfest, und unfreiwillige Komik steigert die Freude nur.

Aber du, du möchtest dabei sein, verdammt nochmal!

Du musst es schaffen, wieder so etwas zu machen. Nicht nur so gesund werden, dass du am Schreibtisch sitzen und deine Redaktion verwalten kannst. Nicht nur am Schneidetisch sitzen und mit deinen Autoren Sendungen erarbeiten. Selbst machen musst du wieder, vor der Kamera!

Es sind noch gut fünf Wochen bis zur nächsten Wahlsendung. Das ist dein nächstes Ziel. Wenn du am 28. Januar kneifst, dann findest du den Anschluss vielleicht nie wieder. Schreibtischhengst frisst Gnadenbrot. Fernsehen muss natürlich auch am Schreibtisch gemacht werden. Aber Fernsehen ohne Rotlicht an der Kamera, denkst du, ist ein bisschen wie Schwimmen ohne Wasser.

Du wirst es packen! Von heute an wirst du dich darauf vorbereiten. Oder sagen wir: vom dritten Weihnachtsfeiertag an. Bis zum zweiten zählen noch Gänsebraten und Stollen und »O du fröhliche«.

Aber dann!

23. KAPITEL

Gerhard Klarner wird beerdigt. Wie meistens bei dieser Krankheit, glaubte er lange Zeit Grund zur Hoffnung zu haben, sogar noch beim letzten Telefonat, doch am Ende ging es furchtbar schnell.

Für die Boulevardpresse und ihre Leser war Gerd der gemütliche schnauzbärtige Dicke. Alle drei Attribute trafen ja zu, aber wie immer beschrieben sie nur unvollständig. Ein Fanatiker der perfekten Spreche war er. Wenn er sich wirklich alle paar Wochen mal versprach, merkten es viele Zuschauer gar nicht, weil er auch die Kunst vervollkommnet hatte, über jeden Versprecher mit Bravur hinwegzulesen, so dass die anderen meinen mussten, sie hätten sich verhört. Das hast du damals von ihm gelernt: nicht jedes Mal mit treuem Augenaufschlag und entschuldigender Gebärde die Zuschauer auf deinen Fehler hinzuweisen. Unter anderem war er Jazz-Freak und leidenschaftlicher New-York-Fan. Dafür glaubte er den Rest der Welt weitgehend vernachlässigen zu können.

Nicht, dass ihr enge Freunde gewesen wärt, nur prima Kollegen, und begegnet wart ihr euch wahrscheinlich schon sehr früh. Für eure Mitarbeiter-Zeitschrift hast du ein paar Zeilen darüber geschrieben. du zitierst sie hier, für ihn:
»Als Gerhard Klarner schon sehr krank war, aber noch Hoffnung hatte, sprachen wir das letzte Mal miteinander. Wir müssten, sobald er gesund wäre, zusammen nach Leipzig fahren, jetzt, nach den Veränderungen.

Wir sind beide aus Leipzig. 1946, als Gerhard Klarner dort Sprecher beim Mitteldeutschen Rundfunk wurde, wohnte ich, ein kleiner Junge, wenige Meter vom Funkhaus entfernt. Manchmal stand ich mit meinem Vorkriegs-Holzroller vor der Tür und sah ehrfurchtsvoll Menschen hineingehen, von denen man mir sagte, ihre Stimmen kämen geheimnisvoll über die Luft in unseren Radioapparat. Keine Frage, dass ich manchmal auch Gerhard Klarner, den ich noch nicht kannte, zu seiner Arbeit gehen sah, dass ich ihn zu Hause aus dem braunen Kasten sprechen hörte.

Fünfundzwanzig Jahre später trafen wir uns in Wiesbaden. Wir ›verkauften‹ die *heute*-Sendung des ZDF. Bald stellten wir unsere gemeinsame Herkunft fest, sprachen oft über Leipzig. Auch über so banale Dinge wie die Straßenbahnlinie 20, die vor unserem Haus hielt und mit der Gerhard von zu Hause, aus dem Vorort Anger-Crottendorf, ohne umzusteigen zum Dienst kam, denn ein Auto besaß man noch nicht. Wir sprachen über unsere zerbomte Heimatstadt, die damals mühsam repariert wurde, aber bald weiter verfiel bis heute. Ich konnte Gerhard davon überzeugen, dass man trotzdem wieder hinfahren müsse, so schlimm es auch aussehe.

Er fuhr aber dann doch lieber nach New York, die Traumstadt seiner Kindheit. Man sagt, man brauche mehrere Leben, um New York richtig kennen zu lernen. Aber Gerhard war schon ziemlich weit vorgedrungen. Wir sagten, wir wollten auch dorthin mal zusammen: zwei Leipziger in New York. Immer entschließt man sich zu spät.

Jetzt wäre aber die Zeit gewesen, nach Leipzig zu fahren. Wir haben noch darüber gesprochen. Da man dort inzwischen ziemlich ungehindert alles tun kann, will ich beim nächsten Besuch nicht nur nach meinem alten Wohnhaus schauen, sondern endlich auch einmal ins Funkhaus gehen, das ich immer nur von außen sah, und Gerhards alten Arbeitsplatz besuchen, der sich wohl wenig verändert haben dürfte in den vierundvierzig Jahren.«

In derselben Ausgabe der Mitarbeiter-Zeitschrift, auf derselben Seite, steht ein Nachruf auf den Kollegen Hans Peter Renfranz. Er hat Fernsehsendungen betreut und verantwortet wie *Derrick*, *Der Alte* oder *Ein Fall für Zwei*, er hat Romane geschrieben, Fernsehspiele, Theaterstücke. Er ist mit 48 Jahren gestorben, an einem Schlaganfall. Er hatte weniger Glück als du. Es hatte ihn so schwer getroffen, dass er nicht mehr in der Lage war, rechtzeitig Hilfe zu holen und sich in eine lebenserhaltende Behandlung zu retten. Du denkst: In deinem Alter kommen die Einschläge schon verdammt nahe.

Gerhard Klarner wird von vielen Kolleginnen und Kollegen verabschiedet, er war jemand, der keine Feinde hatte.

Auf einem Friedhof kommen Gedanken, die sich sonst zurückhalten. Was wäre wirklich gewesen? Wie groß wäre die Lücke gewesen, die du in deiner »Anstalt« hinterlassen hättest?

Du hättest, wie jeder, einen DIN-A-5-Zettel in dem schwarzen Kästchen bekommen, das pietätvollerweise vor ein paar Jahren eigens angebracht wurde, damit die Todesanzeigen nicht länger zwischen der Wochenspeisekarte der Kantine und den Kleinanzeigen für gebrauchte Autos und Kinderwagen hängen. Deinen Schreibtisch hätte ein anderer übernommen, samt Telefonnummer und Aufgabe. Er hätte es nicht schlechter gemacht. Anders, vielleicht gar besser. Niemand ist unersetzbar, auch wenn manch einer es von sich glaubt. Nach einem halben Jahr, günstig für dich gerechnet, hätte keiner mehr von dir gesprochen.

Du überlegst, wie weit du dich für diesen zweifelhaften Ruhm aufreiben sollst. Die banale Frage kommt dir in den Sinn: Wer dankt es dir?

Ob du wirklich mit Gerhard Klarner mal nach Leipzig oder gar nach New York gereist wärst? Man redet so viel und tut so wenig.

Morgen fährst du nach Saarbrücken, zur ersten Wahlsendung »danach«. Sie wird verdammt schwer werden. Musst du das eigentlich haben?

Doch, wie schon gesagt: Du musst.

24. KAPITEL

Zwei Minuten vor Beginn einer richtigen Livesendung klopft das Herz meist bis zum Hals. Wer behauptet, eiskalt zu sein, ruhig bis zu den Nervenenden, der lügt in der Regel. Wer wirklich keinen erhöhten Puls spürt, im Studio vor der Kamera oder in der Regie am Mischpult, ist abgebrüht und für den Job eigentlich nicht mehr geeignet. Sicher wirst du im Lauf der Jahre ruhiger, denn wenn es jedes Mal so wäre wie beim ersten Mal, hielten das deine Nerven nicht lange aus.

Manche meinen, Livesendungen müssten eigentlich krank machen. Dieser Stress! Diese Hektik. Sie ist in der Tat für alle Beteiligten erheblich. Ulrike und ihre Kolleginnen am Bildmischpult sind einmal arbeitsmedizinisch getestet worden. Das Ergebnis: Die Belastung während einer schwierigen Livesendung ist fast nur noch zu vergleichen mit derjenigen von Fluglotsen auf Rhein-Main.

Aber alle, die dabei mitmachen, lieben es. Und ohne Live würde ihnen etwas fehlen an ihrem Leben.

Deine erste Wahlsendung vor Jahren war natürlich nicht deine erste Livesendung, sondern vielleicht deine tausendste. Einen blutigen Anfänger hätte man auch nicht dafür nehmen dürfen. Denn diese Sendungen muss man zwar so exakt wie irgend möglich vorbereiten, aber wenn sie erstmal angefangen haben, dann kommt meist alles anders als gedacht. Gerade diese Unberechenbarkeit macht ihren Reiz aus, aber ihretwegen dürfen eben vor der Kamera – und natürlich auch dahinter – keine Leute arbeiten, die jedes Mal erschrocken zusammenfahren: O Gott, was mache ich jetzt?

Deine erste Wahlsendung war 1981 in Berlin. Richard von Weizsäcker trat, erfolgreich, gegen den Regierenden Bürgermeister Hans-Jochen Vogel an. Damals machte das Team im ZDF-Wahlstudio noch jedes Mal ein »Wahl-Toto«: Jeder gab vorher seinen Tipp ab samt zehn Mark; der Sieger bekam die Ehre, vom Geld wurde einmal im Jahr gemeinsam gespeist. Dein erster Tipp damals war sensationell genau: bei allen Parteien nur jeweils 0,1 oder höchstens 0,2 Prozentpunkte Abweichung vom späteren Endergebnis. Warum, fragtest du kess die Wahlforscher von der FGW, schmeißt ihr so viel Geld für euren Apparat raus, ich mache euch das für die Hälfte. (Beim nächsten Mal lagst du gnadenlos daneben.)

Das war die Premiere vor beinahe neun Jahren.

Aber heute ist eine Premiere besonderer Art.

Der Sender hat sich kulant gezeigt und genehmigt, dass Ulrike dich – gegen Spesen! – nach Saarbrücken chauffiert und dort betreut. Du könntest ja sonst vor lauter Aufregung deine Tabletten vergessen.

Du hast schlecht geschlafen, wie damals vor der Sendung mit Eddie Constantine. Immer und immer wieder geht dir durch den Kopf: Hast du alles vorbereitet? Besser als sonst? Immer und immer wieder rekapitulierst du alles, was du vor der Kamera abrufbereit im Kopf haben musst. Auch die ganz einfachen Dinge. Die Namen der Leute, die neben dir im Studio stehen: Klaus-Peter Siegloch, Dieter Roth, Wolfgang Gibowski. Namen zu behalten gehört immer noch zu deinen Schwächen. Ihr steht seit Jahren gemeinsam vor der Kamera. Aber was ist, wenn du jemanden in der Sendung ansprechen willst – und sein Name ist weg? Im Büro oder in der Kantine spielt das keine Rolle. Aber live vor ein paar Millionen Zuschauern? Siegloch, Roth, Gibowski. Und natürlich Lafontaine und die anderen, die im Saarland auch gewinnen wollen. Stell dir vor, Oskar steht plötzlich namenlos vor dir! Du musst die Namen groß mit Filzstift auf eine Karte schreiben, die immer in deinem Blickfeld liegt. Es wird schon gehen. Es muss.

In der Redaktion sprang niemand vor Begeisterung an die Decke, als du sagtest: Ich mache die Sendung in Saarbrücken. Fragen mussten sie dich schon, es ist nun mal dein Job seit Jahren, aber vielleicht hofften sie, du würdest dir noch Schonzeit ausbedingen. Schließlich warst du erst ein paarmal wieder im Dienst gewesen, und nur stundenweise. Kurieren Sie sich richtig aus, hatten die Ärzte geraten, es war kein Schnupfen, was Sie hatten. Zum ersten Mal hast du richtig zu schätzen gewusst, ein öffentlich-rechtlicher Angestellter zu sein, der zwar davon nicht reich wird, aber nach menschlichem Ermessen nicht auf die Straße gesetzt werden kann. Die sich über diesen euren Status die Mäuler zerreißen, mit Vorliebe – ebenfalls fest angestellte – Zeitungskollegen, die würdest du gern einmal einladen, eine Livesendung wie diese heute mitzumachen oder eine Filmreportage in drei Tagen ruckzuck auf die Beine zu stellen. Das wäre bestimmt sehr erheiternd. Aber in deiner augenblicklichen Lage nützt du deinen Vorteil und kurierst dich in Ruhe aus.

Bloß diese Sendung, die muss sein!

Du weißt, es gibt ein paar Kollegen, die würden gern deine Rolle spielen: vor Millionen von Zuschauern das einzig Wichtige an so einem Abend verkünden, nämlich das Ergebnis! Du kannst dir auch denken, wer dich schon lange gern beerbt hätte. Allerdings traust du keinem zu, sich zu wünschen, dass es auf diese Art und Weise geschieht.

Manche haben dir auch diesmal wieder abgeraten, dich in irgendeine Art von Getümmel zu stürzen. Schone deine Nerven!

Wozu hast du das nötig? Nächstes Mal ist auch noch Zeit.

»Wenn du das machen willst«, hat Ulrike gesagt, »dann machst du das.«

Und deine neue Therapeutin, mit der du gut arbeiten kannst, hat dich ebenfalls ermuntert.

Kurz vor dem Rotlicht kommt dir der Gedanke: Sie müssen doch einen Ersatzmann bestimmt haben für den Fall, dass du mitten in der Sendung aus den Latschen kippst. Alles andere wäre unverantwortlich. Du selbst hast immer wieder gepredigt: Lasst uns jemanden festlegen und einarbeiten für den Fall, dass du dir auf dem Weg ins Studio das Bein brichst. Der Vorschlag teilt bis heute das Schicksal der meisten sinnvollen Vorschläge. Du schaust also durchs Studio, von Gesicht zu Gesicht. Alle konzentrieren sich auf die Sendung. Wer springt für dich ein, wenn …? (du wirst diese Frage auf sich beruhen lassen, nachdem alles gut gegangen ist.)

Die Wahlsendung!

Eigentlich ist alles ganz normal. Du fühlst dich wie zurückgekehrt in eine vertraute Umgebung und eine gewohnte Rolle. Du denkst nur an das, was du gerade tun und sagen und erklären musst. Nicht weiter voraus. Vor allem nicht zurück an Krankenhaus und Schlaganfall und Sprachstörung. Ein paarmal, wenn es besonders schnell gehen soll, stolpert dir ein Wort auf der Zunge, aber du folgst der Devise von Gerhard Klarner: einfach weiter und unmerklich Tempo herausnehmen! Einmal schaust du in ein Gesicht und weißt genau, wer es ist, den du ansprichst, aber … . Aber klugerweise hast du ja deinen Zettel vor dir auf dem Stehpult liegen.

Die Forschungsgruppe Wahlen: Ihr könnt euch seit Jahren darauf verlassen, dass »die Mannheimer«, wie sie bei euch heißen, hervorragende Prognosen, Hochrechnungen, Analysen liefern. Dieter Roth, Wolfgang Gibowski und ihre Truppe sind ausgebufft und fast immer das entscheidene Stück schneller und präziser als die Konkurrenz. Schneller und präziser: Denn schnell, aber ungenau hilft uns, wie jeder weiß, ebenso wenig wie präzise, aber langsam.

Manchmal legen sie dir unbeabsichtigt ein Ei ins Nest: Auf dem Bildschirm erscheinen Zahlen, die einfach nicht stimmen können. Ergebnisse zum Beispiel, die sich auf mehr als 100 Prozent addieren. Vielleicht ein Programmfehler, in der Hektik übersehen. Es gehört zu deinem Job, so etwas sofort zu merken und die Zahlen zurückzuscheuchen in den Orkus. Wir wollten dich nur mal testen, sagt Dieter Roth hinterher.

Nach der Sendung beglückwünschen dich einige. Man habe wirklich nichts gemerkt. Ehrlich. Wer nichts gewusst habe, habe nicht das Geringste vermuten können.

Naja, ganz so gut wird es wohl nicht gewesen sein. (Und deine Therapeutin, die dich natürlich im Fernsehen kontrolliert hat, wird dir sagen: Sie haben dauernd mit der rechten Hand gekrampft. Hast du. Aber du musstest immer auf diese blöden Zahlen achten, da hast du die Hand einfach vergessen.)

Aber du hast es geschafft! Die Rückkehr.

Nach der Wahlsendung spät abends geht ihr gemeinsam einen trinken. Das ist Tradition so. Am liebsten – und meistens – feiert ihr dabei den Sieg über die Konkurrenz.

Aber diesmal musst du dich ausklinken. Du bist so kaputt, als habest du den höchsten Berg von Kreta bestiegen. Ab ins Bett!

25. KAPITEL

Jetzt willst du in die Rehabilitation.
Plötzlich und so schnell wie möglich.
»Manche brauchen wohl etwas länger«, bemerkt Ulrike nur lakonisch.

Es scheint aber, sie versteht deine eigenwilligen Gedankengänge, auch wenn sie sie nicht billigt. Du wolltest, als du aus der Klinik kamst, nicht gleich wieder in die nächste. Nachdem dir Verschiedenes mit einem Male nicht mehr geheuer vorkam, nachdem vor allem die graue Masse in deinem Kopf dir Rätsel aufgab, der plötzliche Defekt dir Angst machte, wolltest du in deine vertraute Umgebung zurück. Wenigstens das. Dafür wolltest du es auf dich nehmen, dich allein durchzubeißen bis zu dem Punkt, da du zurückkehren würdest ins vertraute Leben. So war der Gedankengang, deutlich und verworren.

Aber jetzt bist du zurückgekehrt, beschädigt zwar noch, aber unübersehbar, sogar im Fernsehen. Du hast deine erste Livesendung »danach« überstanden, nicht mit Glanz und Gloria, aber mit Anstand. Jetzt gibt es dich wieder, jetzt müssen sie wieder mit dir rechnen, jetzt kannst du dich für einen Monat zurückziehen und kurieren. (Später wirst du alle Leidensgenossen drängen, sofort in die Rehabilitation zu gehen, keinen Tag zu verschenken. Mancher, der sich zuerst auch allein durchbeißen wollte, wird dir nach seiner Kur danken für so viel Einsicht und so wertvollen Rat.)

Es beginnt der Kampf um einen Platz in einer Klinik. Dein Anspruch ist unstrittig nach so einem gesundheitlichen Zusammenbruch. Du musst allerdings zugeben: dein Entschluss kommt plötzlich, und dein Wunsch ist eilig. Und damit können Verwaltungen nun einmal schlecht umgehen. Alle Verwaltungen. Also auch die Bundesversicherungsanstalt für Angestellte. Das ist eben so.

Zum Glück musst du die Verhandlungen nicht selbst führen, du hast eine Frau, die es für dich tut. Mit bestrickendem Scharm oder mit scharfer Zunge, je nach Erfordernis. Schnell hat sie für dich in einer geeigneten Klinik zum schnellstmöglichen Termin ein freies Zimmer ausfindig gemacht. Ja, du könnest schon nächste Woche kommen, sagen sie. Aber dort sollst du nicht hin, sagt die BfA. Denn du sollst nach Bayreuth. Warum? Weil du nach Bayreuth sollst. Ist die Klinik dort besser oder billiger oder vielleicht sogar besser *und* billiger? Nein, aber du sollst nach Bayreuth. Du warst noch nie in deinem halbjahrhundertlangen Leben in Bayreuth, bist auch kein Wagnerianer, kennst im Umkreis von 150 Kilometern keine Menschenseele. Was sollst du dort? Warum sollst du nicht nach Oberbayern? Wo ein Bett auf dich wartet in einer anerkanntermaßen spezialisierten Klinik. In einer Gegend, in der du jahrelang gelebt hast, wo du dich heimisch fühlst, wo dich Freunde und Bekannte besuchen, wenn dir die Decke auf den Kopf fällt. Warum sollst du dort nicht hin?

Die Antwort: weil du nach Bayreuth sollst.

An dieser Stelle bekämst du, wenn du die Verhandlungen persönlich führen müsstest, wahrscheinlich den nächsten Schlaganfall.

Vielleicht ist es aber auch so, dass du dich mitsamt deinem Problem überschätzt. Ein großer Apparat muss funktionieren, eigenwillige Vorstellungen hindern ihn daran. Du kennst das von eurem eigenen Apparat. Das haben wir schon immer so gemacht. Da könnte ja jeder kommen. Du bist ein Patient, bist nicht einmal ein Kunde, also kein König. Zwar bezahlst und unterhältst du den ganzen Apparat mit deinen Beiträgen, aber seine Mitarbeiter scheinen in dem Bewusstsein zu leben, *sie* hätten *dir* Vergünstigungen einzuräumen. Irgendjemand muss ihnen das wohl so gesagt haben.

Es ist wirklich ein Glück, dass du eine resolute Frau geheiratet hast und kein Heimchen. Innerhalb einer Woche überwindet sie alle Bedenken der Gesundheits- bzw. Krankheitsverwaltung. Zehn Tage nach der Wahlsendung in Saarbrücken trittst du deine Kur an. In Oberbayern.

26. KAPITEL

Beim Schweinsbraten mit Knödeln und Kraut kommt dir eine Vokabel wie »Henkersmahlzeit« in den Sinn und sogar über die Lippen.

»Nun mach aber halblang!« blafft dich Ulrike an.

Sie hat natürlich Recht. Du bist glücklich davongekommen. Du hast überlebt und bist auf dem Weg der Besserung. Vielen geht es nach dieser Krankheit viel, viel schlechter. Einige davon wirst du in der Klinik kennen lernen.

Du warst nur auf diese ganze Situation nicht vorbereitet: Aus der Wertung genommen zu sein, wie man so sagt. Neben dem Leben herzulaufen, wie du es empfindest. Das hast du noch nie erlebt, nicht am eigenen Leibe, und hast es eigentlich auch nie für möglich gehalten, jedenfalls nicht vor deinem 80. Lebensjahr. Ob das Hochmut war oder einfach nur Optimismus, spielt jetzt keine Rolle. Es ist passiert. Und damit bist du noch lange nicht im Reinen.

Ein zweites dunkles Hefeweizen, es wird das letzte sein für vier Wochen.

Deine Familie hat dich hierher gebracht nach Bad Tölz und fliegt morgen ab München in die Sonne, in einen Ferienklub. Die Kinder sind ganz hibbelig und können vor Aufregung kaum ihren Kaiserschmarrn aufessen. Sie lieben Flugzeuge und Hotels und das Meer, obwohl sie diese Wörter noch nicht schreiben können. Mein Gott, diese kleinen polyglotten Mäuse! Sie haben schon mehr von der Welt gesehen als du in deinen ersten 20 Jahren.

Sie alle müssen sich erstmal von dir und deiner Krankheit erholen. Von deiner Misslaunigkeit und Empfindlichkeit. Allein schon von deiner ungewohnten ständigen Anwesenheit zu Hause. Sie haben dich ziemlich geduldig ertragen, nur manchmal wurdest du zurechtgeschubst: »Nun mach aber halblang!« Das hat meistens ganz gut getan.

»Henkersmahlzeit«, machst du einen Rückzieher, »bezieht sich nur auf die Diät ab morgen früh.«

Du hast dich für 1 000 Kalorien am Tag entschieden und hoffst zu überleben.

Nach dem Essen noch ein Bummel durch deine vorübergehende Heimat Bad Tölz. Der Abschied, es hilft nichts, geht dir an die Nieren. Und du wirst noch einmal gewahr – vielleicht auch jetzt erst richtig –, was dir deine Familie im letzten Vierteljahr bedeutet hat. Du magst dir wirklich nicht vorstellen, in solch einer Situation allein gewesen zu sein wie so viele, vor allem wie so viele Alte, angewiesen auf die unbezahlbare Freundlichkeit eines überforderten Personals.

Nein, es geht dir gut!

Ihr habt vorhin schon dein Zimmer bezogen. Es ist so winzig wie deine Studentenbude damals, aber du bist für dich. Du hast noch ziemlich mit dir zu schaffen und bist froh, nicht mit jemand Fremdem zusammengepfercht zu sein. Nicht Rücksicht nehmen zu müssen rund um die Uhr, sogar nachts beim Pinkelngehen. Du bist jetzt, verdammt nochmal, für vier Wochen die Hauptperson für dich.

Ihr müsst euch jetzt verabschieden, die Klinik schließt um zehn.

»Ohne uns kannst du dich endlich mal ausruhen«, sagt sie.

Ja, ausruhen. Wie hast du immer geantwortet, wenn sie dir riet, mal kürzer zu treten? Ausruhen, hast du gesagt, ausruhen kann ich mich, wenn ich tot bin.

Das hättest du ja fast hingekriegt.

Also tschüss, ihr drei! Kein Geheule! Es ist ja alles in Ordnung. Küsschen, gute Reise, bis bald!

Droben auf dem Zimmer fühlst du dich dann doch trostlos. Richtig elend. Vokabeln gehen dir durch den Kopf: abgestellt, abgeschoben, abgewirtschaftet. Ab, ab, ab.

Stell dich nicht so an, denkst du. Überlebt und auf dem Weg nach oben: Was verlangst du eigentlich?

Zum Glück hast du den kleinen Fernseher mit, den elektronischen Tröster. Du schaust eine Sendung, der Zeit nach könnte es das *heute-journal* sein, ja, ist es auch, aber eigentlich schaust du nicht hin. Du schaust hindurch durch den Bildschirm und denkst: Warum eigentlich gerade du?

27. KAPITEL

»Warum sind Sie denn hier?«

Am Sechsertisch tauscht man sich aus: den Namen natürlich, schon wegen der guten Erziehung, den Heimatort, der auch die Mundart erklärt, unter Umständen den Beruf. Dann aber spätestens den Grund des Hierseins.

»Was, ein Schlaganfall? Man merkt Ihnen aber nichts an.«

Danke, sehr freundlich. Wenn sie genau hinschauten und etwas davon verstünden, sähen sie es sofort. Aber in der Tat: Das typische Bild eines schwer Gezeichneten bietest du nicht. Nicht mehr. Kein nachgeschlepptes Bein, kein kraftlos baumelnder Arm, kein verzerrtes Gesicht mit hängender Wange. Gott sei Dank! Das hast du hinter dir. Aber den Rest möchtest du auch noch loswerden.

Wie ist es in diesem Sanatorium? Allen gefällt es sehr gut. Gemütliche Zimmer. Einzelzimmer! Das bayerische Ambiente heimelt an. Man muss es ja nicht in den eigenen vier Wänden haben, aber hier passt es hin. Die Umgebung ist auch schön, die Stadt, das Isartal, die Berge. Der Aufstieg zum Kalvarienberg. Die Wanderung nach Wackersberg, wo Weizsäcker ein Haus habe. Oder rund um den Isarstausee. Die Wirtschaften. Die bayerische Küche! Die brauche man ja auch bei dieser Diät.

Du kommst dir vor wie ein Spielverderber, denn du hast die feste Absicht, deine Diät einzuhalten. Sonst wäre die Kur ja rausgeschmissenes Geld der spendablen BfA. Und der lebenslange Kampf gegen die Waage muss doch endlich mal gewonnen werden! Seit deiner Musterung für den Bund, also in 30 Jahren, hast du zehn Kilo zugelegt. Ist das viel, oder ist das wenig? Jedenfalls sagt dir jeder medizinisch Gebildete oder auch nur Halbgebildete, sagst du dir also auch selbst, du müsstest abnehmen, wenn du trotz allem alt werden willst. Also 1 000 Kalorien. Und kein Bier. In Bayern!

Warum sind die anderen hier? Naja, es hat schon hier und da gezwickt und gezwackt, aber richtig krank war keiner am Tisch. Man hat doch einen Anspruch auf eine Kur alle drei Jahre! Das stellen sie beinahe triumphierend fest. Man hat ja auch eingezahlt, oder nicht?

»Welche Symptome haben Sie denn noch?« fragt der Chefarzt.

Also, du zählst auf: Die Hand und der Arm bis hinein in die Seite fühlen sich immer noch an, als hättest du unvorsichtig ein Stromkabel angefasst. Wenn es manchmal besonders schmerzt, bist du froh, dass es dich nicht links erwischt hat, wo das Herz sitzt. Die Finger kannst du nicht richtig bewegen, vor allem der Zeigefinger kann eigentlich gar nichts mehr. Vom Kopf bis zu den Zehen hast du rechts ein taubes Gefühl. Sehen kannst du schon viel besser als am Anfang, aber längst nicht wie früher. Sprechen geht wieder gut, wenn sich auch manchmal noch Wörter verhaken. Und das Gedächtnis funktioniert wieder brauchbar. Deine Krankheit heißt übrigens: Schlaganfall.

Der Chefarzt nickt oft, als wolle er sagen: Ja, so ist das.

»Geht das alles eines Tages wieder weg?« fragst du.

Er wiegt den Kopf. Die Nerven, erklärt er dir, regenerierten sich besonders langsam, sodass man nie sagen könne, wie weit die Regeneration noch fortschreite und wie lange es dauere. Das hatten dir andere auch schon gesagt.

Nochmal zu den Ursachen: Die Befunde der Klinik und deines Hausarztes und des Betriebsarztes ließen ja keine Symptome erkennen, die typische Vorboten eines Schlaganfalls gewesen wären. Was also war es?

Ja, was war es?

Du wanderst viel. Du musst wieder Kondition kriegen. Es geht schon zehnmal so gut wie zu Anfang daheim, als du auf jeder zweiten Parkbank ausruhen musstest. Rund um den Stausee, rauf auf den Kalvarienberg, rüber zum Friedhof. Du bist ein Friedhof-Fan, schon immer, nicht erst jetzt. Nicht aus Todessehnsucht, sondern weil du Friedhöfe für eine der bemerkenswertesten Ausdrucksformen der Kulturen hältst. Irgendwann, wenn ein Verleger der gleichen Meinung ist, möchtest du ein Buch machen über die schönsten, interessantesten, kuriosesten Friedhöfe Europas und der Welt: von Montmartre bis Forest Lawn, von Arlington bis zum Prager Judenfriedhof, von der Chausseestraße bis nach Botn-Rognan. Das ist in Norwegen und eigentlich nicht besonders aufregend, aber dort liegt dein Vater. Auf dem Tölzer Waldfriedhof begegnest du dem kleinen Grab von Barbara, die nur sechs Jahre alt wurde; sie ist genau am selben Tag im selben Jahr geboren wie du. Aber das ist ein Zufall und hat nichts zu sagen. Bloß bist du zurzeit besonders empfänglich für Derartiges.

Warum dieser Schlaganfall? Die einfachste Erklärung wäre: zu viel gearbeitet. Aber das stimmt nicht. Das haben andere auch.

Zu viel gewollt?

Du hast gedacht, ein Journalist, wenn er sich und seinen Beruf ernst nimmt, legt sich im Zweifel mit allem und jedem an. Und das nicht, damit es ihm Ruhm bringt oder einen Preis, das kann ein Nebeneffekt sein, sondern weil er Journalist ist. Er muss Ärger machen, nicht um des Ärgers willen, sondern um der Sache willen. Dass er an den Verhältnissen meistens nichts ändert, ist eine andere Sache, die der Journalist erst merkt, wenn er älter ist.

Ebenfalls zu spät merkt er meist, dass er leicht zum Störenfried wird. Denn im Grunde haben sich doch alle mit den Verhältnissen arrangiert und wollen nicht alles immer wieder in Frage gestellt sehen.

Also, wie nun?

Soll man ab und zu den Kopf aus der Deckung strecken, oder soll man den Hintern zusammenkneifen? Soll man sich nicht zu viele Feinde machen, aber die richtigen Freunde suchen? Soll man seine Meinung sagen, falls man eine hat, oder warten, welche gerade gewünscht ist? Soll man versuchen, die anderen auf einer Schleimspur zu überholen, ohne auszurutschen?

Oder musst du einfach nur besser sein?

Entweder warst du nicht gut genug, denkst du, oder du hast einen taktischen Fehler gemacht. Jedenfalls hast du dir sagen lassen müssen, du habest zu oft und an der falschen Stelle widersprochen.

Aber das ist allein deine Sache. Denn es kommt nicht darauf an, was dir widerfährt, sondern wie du darauf reagierst. Wenn sich also etwas ändern muss, dann du, denn das andere ändert sich nie. Im Übrigen ist medizinisch sowieso nicht nachweisbar, ob man davon gleich einen Schlaganfall bekommt! Höchstens Magengeschwüre.

A propos Magen: Am liebsten würdest du erstmal einkehren und einen Schweinsbraten bestellen. Und ein dunkles Hefeweizen. Aber die erste Woche solltest du wenigstens durchhalten.

28. KAPITEL

Autofahren.

Du kennst ein paar Leute, die nie einen Führerschein gemacht haben. Sie kommen dir vor wie aus einer anderen Welt. Wie Fossile. Relikte aus der Steinzeit. Autofahren ist doch wie Atmen und Essen und Trinken und, leider, Steuern zahlen.

Seit über vier Monaten bist du nun nicht mehr Auto gefahren. Die Hand könnte vielleicht schon wieder schalten, wenn es auch ab und zu krachte und kreischte, du bräuchtest keine Automatik. Aber wegen des Sehens hast du dich noch nicht getraut. Und ehrlich gesagt hast du Angst, »die Sache« kommt wieder. Und was ist, wenn es am Steuer passiert?

Autofahren: Seit 30 Jahren fast Tag für Tag. Der Bahn wünschst du alles Gute, aber leider fährt sie meistens nicht dorthin, wo du hin möchtest. Oder zur falschen Zeit. Oder zu langsam. Oder verspätet. Der moderne Mensch braucht Beweglichkeit, Unabhängigkeit.

Mit deinem ersten gebrauchten NSU-Motorroller bist du gleich nach Paris und hast dich hineingestürzt in den Kampf um den Arc de Triomphe. Deine alte Horex Regina, dein brüchiger DKW: Damals waren das Symbole einer unbeschreiblich aufregenden Freiheit. Auch wenn sie ständig auseinander brachen. Dieser DKW vor allem: Als am Ende auch die Fußbremse versagte, ging es noch ein paar Wochen mit der Handbremse durch München. Unvorstellbar heute, dieser jugendliche Leichtsinn, aber es fehlte das bisschen Bargeld für einen gebrauchten Ersatz. Der Schrotthändler wollte nichts mehr geben für die Ruine, spendierte nur, auch das unvergesslich, eine Limonade, einen »Almdudler«. Dann der erste gebrauchte Käfer mit dem schönen Kennzeichen H-EX 777. Leider stand er bei Regen auch innen unter Wasser. Als das Getriebe seinen Geist aufgab, wurde für zwei Wochen die Straße vor der Studentenbude zur Werkstatt, was die Polizei gnädig übersah. Autogeschichten füllen Bücher, vor allem Geschichten über den Käfer, der Generationen von Fußgängern und Radfahrern zu Autofahrern gemacht hat.

Endlich das erste richtige Auto, ein BMW 1602. In drei Tagen nach Kreta. Damals hatte man noch sportlichen Ehrgeiz, fuhr die total kaputte »Autoput« von Zagreb nach Belgrad stundenlang im zweiten Gang. Fahren, fahren, einnicken, aufschrecken, weiterfahren, weiterfahren. Als gelte es, einen Sieg zu erringen. Wozu?

Was wäre, wenn du nie wieder Auto fahren könntest?

Mal ganz realistisch betrachtet: Es gibt Taxis und Busse und Bahnen. Manche rechnen dir sogar vor, dass es sie billiger komme, ohne Auto zu leben. Man braucht wirklich kein Auto, und eines Tages, irgendwo jenseits der 80, wird man sowieso vernünftig und belobigt seinen Führerschein zurückgeben. Aber muss es jetzt schon sein? Leben ohne Auto? Es bietet eben mehr als nur nur die Möglichkeit, zum x-beliebigen Zeitpunkt von A nach B zu kommen.

Am Anfang deiner beruflichen Laufbahn warst du quasi Autofahrer mit Nebenberuf. Ein Fernsehreporter musste vor allem fahren, fahren, fahren. Er musste auch noch Ahnung von Fernsehen haben, ein bisschen möglichst, aber vor allem musste er fahren. Jeden Tag. Du kamst manchen Monat auf

5 000 Kilometer. Immer unter Zeitdruck. Zum Beispiel in nebliger Herrgottsfrühe von Baden-Baden über den Schwarzwald zum Bodensee, ein paar Stunden Dreharbeiten, dann nach Stuttgart, über die Landstraße, denn eine Autobahn gab es noch nicht, im Sender den Film entwickeln, schneiden, texten, überspielen oder senden. *Tagesschau* Hamburg oder *Abendschau* Stuttgart. Spät zurück nach Hause. Manchmal hattest du dann 120 Mark verdient, manchmal auch nur 60. Wenn du mit deinem Film zu spät angekommen wärst, hättest du für den Papierkorb gearbeitet, das ist eben so für Freie in der Tagesaktualität. Ausfallhonorar. Und die strenge Frage: Warum hat das nicht geklappt? Du hast es jedes Mal geschafft. Aber auf den Kurven der B 28 bei Tübingen hast du hinter stinkenden Lastzügen jede Menge Nerven gelassen.

Du fandest es toll. Aufregend. Beneidenswert. Jeden Tag andere Orte, andere Menschen, andere Schauplätze. Als Reporter in einem Gebiet, das vom Bodensee bis kurz vor Bonn reichte. Niemand, buchstäblich niemand lernt so viel kennen wie ein Reporter der Aktualität – auch wenn ihm freilich ab und zu schwant, dass er sehr an der Oberfläche der Dinge bleiben muss und dass er nicht lebenslang dort bleiben darf. Aber für den Anfang: ein Traumberuf!

Heute fragst du dich aber, wie viele Nerven man in so einem Gewerbe lässt. Der erhöhte Pulsschlag bei jedem noch so kurzen Stau kann doch wohl nicht gesundheitsfördernd sein. Die ständige Hetze. Die Unregelmäßigkeit. Manches Mittagessen erst nachts nach der Heimkehr. Die Tausende von Kilometern am Steuer. Mit der alten Kiste. Hinter den Lastzügen auf die Chance zum Überholen lauernd.

Aber mit einem schnellen Auto macht es ja endlich richtig Spaß. Du musst nicht mehr kalkulieren, ob du noch auf die Überholspur kannst vor dem Mercedes, der im Rückspiegel heranblinkt. Jetzt hältst du mit oder zischst davon. Jetzt bist du nicht mehr der Bedrängte, jetzt drängelst du selbst. Diese Diesel-Kutschen, die vor dir her stinken! Diese Landfrauen! Diese Fahrer mit Hut! Du bist jetzt immer auf Rekordfahrt. Frankfurt – München noch einmal sieben Minuten schneller! Persönlicher Rekord unterboten. Ärgerlich nur, dass dich auf dieser Strecke wieder drei überholt haben, die du am Ende einfach nicht halten konntest.

Wenn du dir erstmal ein schnelles Auto leisten kannst, hattest du gedacht, dann kannst du endlich entspannt am Steuer sitzen. Pustekuchen! Schlimmer ist es geworden.

Wie viele Nerven hast du am Steuer gelassen?

Dabei liebst du es, mit Tempomat und 65 Meilen über Interstate Highways zu kutschieren, bewunderst die meisten Amerikaner für ihre Gelassenheit am Steuer. Wenn du zurückkommst aus den USA, im Taxi vom Frankfurter Flughafen, schüttelst du verständnislos, ja entsetzt den Kopf über die Geistesgestörten, die links und rechts vorbeischießen, die drängeln und schneiden. Man benötigt mindestens drei oder vier Tage, bis man sich umgestellt hat und wieder deutsch Auto fährt.

Wenn du es recht überlegst, dann sind die Jahre vorbei, da Autofahren Spaß machte. Das Hangeln von Stau zu Stau ist lästige Arbeit geworden. Wenn du also jetzt müsstest, könntest du darauf verzichten.

Aber vielleicht lieber erst später.

Heute Nachmittag kommt deine Familie aus Spanien zurück nach München. Ehe sie nach Hause weiterfahren, wollen sie dich noch besuchen kommen. Das Auto haben sie bei Freunden in München untergestellt.

Beim Mittagessen fasst du einen Entschluss. Du machst kein Schläfchen wie jeden Tag. Du fährst mit dem Zug nach München. Du holst dir dein Auto.

Die ersten Kilometer fühlst du dich wie damals bei der Führerscheinprüfung. Bloß nichts falsch machen! Langsam, langsam. Mögen sie hinter dir die Hände ringen. Du musst erst wieder einiges lernen nach vier Monaten Pause. Zum Beispiel schalten mit der kaputten Hand. Es kracht ein paarmal im Getriebe; wenn du hinter dir her führest, würdest du den Kopf schütteln über diesen verdammten Anfänger. Diese lahme Ente! Aber du musst eben nicht nur zweimal hinschauen, ob einer von rechts kommt, sondern besser dreimal oder viermal. Du musst die Querstraße fixieren, damit du nichts übersiehst. Aber es geht. Dir kommt zugute, dass du nicht über den Weg nachdenken musst, dass du dich gut auskennst in München, wo du mal als Taxifahrer das Geld fürs Studium verdient hast, immer in der Nachtschicht von sechs bis sechs. Auf dem Stück Autobahn bis zum Flughafen Riem rollt es schon wieder richtig. Das gute alte Gefühl ist wieder da!

Deine drei Leute sind auf Fuerteventura braun gebrannt worden, mitten im Februar. Sie suchen dich nicht, erwarten dich nicht, entdecken dich, schauen ungläubig, dann stürzen sie dir in die Arme. Alle drei gleichzeitig.

»Wieso bist du hier?«

»Ich wollte einfach.«

»Nehmen wir ein Taxi?«

Aber nicht doch! Wie ein kleiner Triumphator schreitest du voran ins Parkhaus.

»Wie ist denn unser Auto hierher gekommen?«

Ja, wie denn wohl?

Die ersten paar Kilometer sitzen sie stumm in ihren Gurten, wie in Erwartung des ersten unausweichlichen Zusammenstoßes. Aber dann wächst das Zutrauen und schwillt der Sturzbach der Erzählungen wieder an. Toll sei es gewesen, aber wahrscheinlich nichts für dich: nur Klub und Pool und Strand, keine alte Kirche, keine Burg, kein Museum. Du lieferst die Erschöpften samt dem Auto bei den Freunden ab, morgen werden sie nach Hause fahren. In zwei Wochen bist du auch wieder dort.

Als du im Bummelzug sitzt, auf dem Weg zu deinem Sanatorium, bist du guter Dinge: Wieder einmal etwas geschafft. Einen der kleinen Siege. Nicht alles wird wiederkehren, aber probieren musst du alles. Feste feiern, Livesendungen machen, Auto fahren. Wieder in die Redaktion gehen, wieder ein Buch schreiben. Vielleicht sogar eines Tages wieder Tennis spielen und Ski fahren? Das kannst du dir im Augenblick noch nicht vorstellen. Aber warum eigentlich nicht?

Diese verflixte Krankheit, denkst du, wollte dir den Schneid abkaufen. Du solltest dich still in die Ecke setzen und darein schicken, dass dieses und jenes nun nicht mehr geht: aus, vorbei, abgeschrieben.

Ja, du hast das Gefühl, es sei ein persönlicher Angriff gewesen, eine hinterhältige Attacke, die dich aus der Bahn werfen sollte. Wollen doch mal sehen, ob wir den Kerl nicht kleinkriegen! In die Knie zwingen. Niederlage durch Aufgabe nach einem Niederschlag in der soundsovielten Runde.

Aber das machen wir nicht mit, denkst du.

29. KAPITEL

Morgen geht's nach Hause.

Was haben dir die vier Wochen gebracht? Lässt sich das medizinisch messen? Wie ginge es dir, wenn du daheim geblieben wärst?

Das ist eine hypothetische Frage, so wie ihr sie euch immer wieder auch bei der Fernseharbeit stellt: Wäre die Einschaltquote höher gewesen, wenn ihr zum selben Thema eine ganz andere Sendung gemacht hättet? Das könntet ihr – theoretisch – eben nur beurteilen, wenn ihr diese ganz andere Sendung genau zur selben Stunde auf demselben Kanal gesendet hättet. Mit anderen Worten: Nichts Genaues weiß man nicht.

Jedenfalls hast du, durch die Kur oder auch nicht, ein paar Fortschritte gemacht. Bist nicht mehr so ein Wrack. Den steilen Trainingspfad hinter der Klinik schaffst du schon locker in knapp zwei Dritteln der Zeit, die du beim ersten Mal keuchend gebraucht hast. Jeden Tag hast du dir was Gutes getan: Bäder, Gymnastik, Massagen, Schwimmen – und Ausruhen. Weite Spaziergänge, Wanderungen bisweilen. Ein geselliger Patient warst du nicht, eher ein Eigenbrötler. Aber du wolltest mal überlegen. Vielleicht ist das das Wichtigste an so einer Kur: das ungestörte Zusammensein mit sich selbst.

Zu Hause haben sie dich geschont, so gut es ging, aber das hat seine Grenzen. Eine Familie kann nicht endlos Rücksicht nehmen auf eines ihrer Mitglieder, das aus der Umlaufbahn gepurzelt ist. Irgendwann muss auch wieder Tacheles geredet werden.

Du hast das schmale kulturelle Angebot der kleinen Stadt im Winter ausgeschöpft bis zur Neige. Hast alles mitgenommen. Den Tölzer Knabenchor, dessen Sangesvermögen irgendwo zwischen den Thomanern und den Schöneberger Sängerknaben angesiedelt ist, mehr Richtung Sängerknaben. Den Lichtbildervortrag über die Wandertour entlang der Rocky Mountains, das wäre auch noch mal was, wenn nicht ... Im Heimatmuseum die Geschichte der Isarflößerei. Sogar im Bauerntheater warst du, wohin du dich dein Lebtag noch nicht verlaufen hast, vermutlich kommst du auch nicht so schnell wieder hin, höchstens bei der nächsten Kur. Im Kino warst du endlich wieder mal, große Filme kommen heute auch gleich in kleine Städte. Einmal in der Woche hast du dir ein Weizenbier genehmigt, in der Vorfrühlingssonne auf dem Straßerhof. Freunde haben dich besucht, sind mit dir in der Umgebung herumgefahren, an den Tegernsee, nach Murnau und Garmisch. Bloß gut, dass du dich nicht auf Bayreuth eingelassen hast.

Was musst du nun anders machen?

Du hattest immer geglaubt: In der ersten Hälfte seines Lebens muss der Mensch herausfinden, was er will, in der zweiten Hälfte muss er es tun. Du hast das Gefühl, du hast es herausgefunden, aber nicht getan. Du hast dich nicht davon abgehalten, dich reinzuknien und aufzureiben für manch unnötigen Kram. Für ein kleines bisschen Fernsehruhm. Für ein freundliches Nicken unwichtiger Köpfe. Für eine lobende Erwähnung an minderer Stelle.

Wenn du nicht endlich selbst weißt, was dir wichtig ist und was nicht, worin du gut bist und worin höchstens mittelmäßig, was du tun und was du lieber lassen solltest ...

Morgen fährst du also nach Hause. Dann wirst du dich langsam wieder einfügen in deinen Alltag und in deinen Job. Mindestens zwei Wochen lang, schätzt du, werden sie Rücksicht darauf nehmen, dass du einen Aussetzer hattest. Aber dann musst du selbst wissen.

30. KAPITEL

Du nimmst deinen Schreibtisch wieder ein.

Das ist eigentlich ein besonderer Augenblick, zu dem Sekt und Blumen gehört hätten, denn es hätte ja nicht viel gefehlt. Du musst nicht gleich ans Schlimmste denken, aber mindestens eine Invalidisierung, so heißt das schreckliche bürokratendeutsche Wort, lag ja im Nahbereich des Möglichen. Wie nah, das weißt du, das wissen deine Angehörigen und deine Ärzte, aber die anderen haben es nicht mitbekommen. Müssen sie übrigens auch nicht, das ist Privatsache. Sie fragen auch nicht danach. (Du wirst dich eine Zeit lang wundern, warum dich, außer ein paar Freunden unter den Kollegen, kaum irgendjemand danach fragt. Einfach nur, weil es niemanden interessiert? Oder mehr, weil Kranksein peinlich ist? Vielleicht sogar, weil man den Gedanken verscheuchen will, man könnte der Nächste sein? Du wirst allerdings zugeben müssen, dass du selbst in solchen Fällen meist auch nicht gefragt hast. Obwohl du doch weißt, wie hilfreich es ist, darüber zu reden.)

Sie schütteln dir die Hand: Na, es geht Ihnen ja ganz gut.

Es klingt wie: War ja wohl nicht so schlimm.

Über vier Monate warst du weg, da verändert sich ein Arbeitsplatz schon rein äußerlich. Dein Schreibtisch. Ein Kollege hat von hier aus deinen Job gemacht, ein Kollege, der auch ein Freund ist. Stapel von Papier gelten als Nachweis besonderen Fleißes oder übermäßiger Wichtigkeit; und doch ist es nur eine Frage der persönlichen Gewohnheit, ob es sich auf einem Schreibtisch häuft oder verliert. Du mochtest es immer möglichst leer, jetzt ist es voll. Es wird umgeräumt, alles zurückversetzt in den Zustand des Tages, an dem du zum letzten Mal hier warst und nicht wusstest, wie lange du dieses Büro nicht mehr betreten würdest. Ein neues Jahr ist inzwischen angebrochen, neue Kalender an der Wand und auf dem Schreibtisch. Darin Termine, von denen du noch nichts weißt. Auf der Stecktafel Planungen, die du nicht kennst, Filmprojekte, die du dir erklären lassen musst. Interessante Projekte, die du gern übernimmst und zu Ende bringst; andere, die du vielleicht nicht geplant hättest. Aber das ist der normale Gang. Hättest ja nicht aussetzen müssen.

Noch bist du nicht wieder voll einsatzfähig, du musst dich langsam aufbauen, stundenweise erstmal. Zum Glück gibt dir dein Arbeitgeber diese Chance.

Bist du eigentlich gern wieder hier?

O doch. Du warst auch immer gern hier. Trotz mancher Misslichkeiten, die nicht fernsehspezifisch sind, sondern Eigenheiten großer Apparate. Deine Freunde aus der »freien Wirtschaft« oder den Behörden klagen über das Gleiche. Da hat einer eine Idee. Alle nicken Beifall: Das müssen wir unbedingt machen! Aber dann kommen die Bedenken. Die Sachzwänge. Die Rivalität der Bereiche. Die Eitelkeit von Hierarchen, begabten und unbegabten. Die finanziellen Engpässe. Die Langsamkeit der unvermeidlichen Bürokratie. Der Wust von Vorschriften, die sich gern auch mal widersprechen. Die Dienstwege. Die Berge von Papier. Wir müssten! Aber wir machen nicht. Die anfängliche Begeisterung fährt sich fest wie ein Geländewagen in der Sahara.

Die Personalpolitik. Sie ist bei euch von jener besonderen Kuriosität, die in der Öffentlichkeit Parteienproporz genannt wird, intern aber geistige Pluralität genannt werden soll. Ein Journalist im Fernsehen soll möglichst unabhängig sein, frei im Kopf, unvoreingenommen gegen rechts wie links, kritisch gegen links wie rechts. Es gilt als eine Tugend, wenn er anhand seiner Arbeit auf dem Bildschirm nicht einzuordnen ist in eines der farbigen Kästchen. Aber sobald ein Posten zu besetzen ist, lautet die erste Frage nicht: Ist er/sie dafür gut genug? Die erste Frage lautet: Ist er/sie im richtigen Kästchen? Wenn nicht, scheidet er/sie von vornherein aus dem Rennen aus. Ein System, das Leisetreter bevorteilt und Laumänner produziert.

Aber das weiß man, wenn man sich darauf einlässt. Es gibt nichts zu maulen. Wer die immensen Vorteile des Systems genießen will, seine soziale Sicherheit insbesondere, muss auch seine Eigenheiten in Kauf nehmen. Er könnte es ja auch woanders versuchen. Du hast immer dazu gestanden oder, wie man heute sagt, dich bekannt zu diesem System.

Trotzdem fragst du dich, wie du damit klargekommen bist all die Jahre. Deinem Gerechtigkeitssinn ist manches Mal Gewalt angetan worden, viel häufiger übrigens in Angelegenheiten anderer als in deinen eigenen. Manchmal hat es dich schon tief getroffen.

Eine überraschende und beruhigende Erkenntnis haben dir jedoch die letzten Monate gebracht. Du hast dir nie vorstellen können, länger als ein paar Ferienwochen ohne deinen Job zu leben. Jetzt hast du festgestellt: du stirbst nicht sofort, wenn du nicht jeden Morgen an deinen Schreibtisch darfst. Du gehst dann zwar bankrott, aber du stirbst nicht.

31. KAPITEL

Berlin ist anstrengend geworden. Die Ruhe der Insel ist vorüber. Die Geschichte hat den Friedhof aufgeschreckt.

Ihr wollt eine Sendung machen über eine ganz besondere Wahl, die vor ein paar Monaten noch unvorstellbar gewesen wäre: eine freie Wahl in der DDR! Die erste überhaupt. Keine 99,9-Prozent-Wahl, sondern etwas völlig Neues, noch nicht da Gewesenes. Das ist so ungewöhnlich, dass das ZDF eine Pressekonferenz einberufen hat zwei Tage davor. Zeitungskollegen aus Ost und West in Eintracht oder jedenfalls ohne erkennbare Zwietracht nebeneinander. *Die Welt* und *Neues Deutschland*, bislang Feuer und Wasser. Wir erklären, was wir vorhaben. Die Kollegen (Ost) haben erkennbar Probleme mit der neuen Materie. Sie könnten, müssten fragen, fragen, fragen, deshalb sind wir ja gekommen. Aber DDR-Journalisten fragen nicht plötzlich.

Ruprecht Eser sagt, für ihn als gebürtigen Leipziger, »weggemacht« kurz vor der Mauer, sei es, ebenso wie für seinen Kollegen und Landsmann Zimmer, ein besonderer Tag, der da bevorstehe. Denn wer hätte für möglich gehalten, dass unsere Generation ihn noch erlebe? Und sogar noch vor der Jahrtausendwende. Die Kollegen (Ost) fühlen sich von diesem Gesichtspunkt spürbar überhaupt nicht angesprochen, sie haben andere Probleme mit dem plötzlichen Umbruch. Die erste freie Wahl in der DDR ist andererseits auch kein Anlass für nostalgische Betrachtungen ehemaliger DDR-Flüchtlinge.

Du hast deine Familie mitgebracht nach Berlin, weil du dich noch nicht traust, allein solche Reisen zu machen. Ihr wohnt privat bei Freunden in Berlin-Ost. Das geht plötzlich. Fast alles geht plötzlich.

Wie lange ist es eigentlich her – oder wie kurz –, dass du in Berlin (Ost) ein Mädchen besucht und ihr zu erklären versucht hast, warum ihr Freund von der Westreise nicht zurückgekehrt ist? Das war doch beinahe erst gestern. Du bist mit ihr drei- oder viermal um den nächtlichen Weißensee gelaufen, sie hat viele Tränen vergossen, aber am Ende gesagt, sie könne ihn verstehen. Nun müsse man etwas unternehmen, hast du gesagt. Ihr habt alles durchdekliniert an jenem Abend, bis zur fingierten Liebesgeschichte und Hochzeit mit einem hilfsbereiten Wessi-Freund. Sie hörte auf zu weinen und wirkte entschlossen. Vor Mitternacht musstest du wieder rüber an der Bornholmer Straße. Ihr habt dann die geplante Aktion nicht ausgeführt, das Ende kam dazwischen. Das Ende der DDR. Wie kurz ist das alles her?

In Berlin: Durcheinander. Keiner kennt sich richtig aus. Zum Beispiel ist jedem klar, dass die Grenze nur noch eine Fiktion ist und bald abgeschafft wird. Und dennoch: euer Au-Pair-Mädchen mit italienischem Pass darf nicht mit euch über den Grenzübergang für Bundesbürger, sie soll über den Checkpoint Charlie für Ausländer, ihr sollt sie auf der anderen Seite abholen. Was für ein Unsinn! versuchst du klar zu machen. Zum Glück haben die überrumpelten Grenzer längst resigniert und winken euch alle zusammen mit einer müden Handbewegung durch.

Fast möchtest du Mitleid mit ihnen haben. Alles schien so fabelhaft fest gefügt. So für alle Zeiten zementiert. So praktisch eingeteilt in Gut und Böse. Und nun ist alles ins Rutschen geraten. Nichts mehr da, woran man sich festhalten kann.

Es ist spannend, diese Ungewissheiten mitzuerleben, diesen unvorstellbaren Umbruch. Die Kinder verstehen es noch nicht, aber wir filmen und fotografieren sie vor der Mauer, die immer mehr Löcher hat und bald Geschichte sein wird.

Die Wahlsendung aus dem Kronprinzenpalais Unter den Linden. Eine freie Sendung aus der DDR über eine freie Wahl in der DDR!

Du fühlst dich schon wieder ganz okay. Die Premierenangst vom ersten Mal »danach« in Saarbrücken ist vorbei. Zwischendurch spürst du eine Art Übermut, die dem Ernst des Themas gar nicht angemessen ist, und musst dich zügeln. Wahlsendungen können eine heitere Angelegenheit sein für das Team, das gut gerechnet hat, schnell und richtig – und das seid ihr meistens. Aber es sitzen auch Wahlverlierer vor dem Bildschirm, für die die Welt unterzugehen scheint oder eine Karriere beendet ist. Sie könnten deine Heiterkeit unangemessen finden. Und woher sollten sie wissen, dass deine gute Stimmung nicht dem Ergebnis gilt, da zwingst du dich zur Neutralität, sondern deiner Wiedergeburt als Moderator vor der Kamera? Sie haben ja nicht alle damals die *Bild*-Zeitung gelesen oder haben den Aufmacher vergessen.

Diesmal musst du nach der Sendung nicht schnurstracks ins Bett. Auf zwei Biere geht es noch. Nach dem dritten kommt dir der ganz kitschige Gedanke: Eigentlich schön, dass du das noch miterlebt hast. Es wäre ein Jammer gewesen.

32. KAPITEL

Auf dem Heimweg von Berlin ein paar Stunden Station in Leipzig. Immer noch ein unglaubliches Gefühl: ohne Visum und Aufenthaltsgenehmigung einfach runter von der Autobahn und hinein in deine Heimatstadt, ganz legal, ohne Angst vor Kontrolle und Entdeckung.

Als ihr hineinfahrt über die Straße der Deutsch-Sowjetischen Freundschaft, musst du daran denken, wie du anno '50 hier mit der Schulklasse Spalier gestanden und Fähnchen geschwenkt hast – das Wort ›Winkelement‹ war noch nicht erfunden –, als Wilhelm Pieck in seiner schwarzen Limousine mit Stander hineinrauschte in die Stadt. Wilhelm Pieck, das musst du heute schon den meisten erklären, war seit 1949 Präsident der DDR. Nach dem tausendjährigen Reich sollte ja erneut etwas für alle Ewigkeit geschaffen werden; kein Staatsgründer kann öffentlich die Binsenweisheit eingestehen, dass es meistens nur für Jahrzehnte ist, allenfalls. Die DDR hat sich ziemlich lange behauptet oder den Gegebenheiten widerstanden, wie man will. Aber nun ist es vorbei: Pieck, Ulbricht, Honecker, die Nachgeburt Krenz. Alles vorbei.

Die Stadt scheint äußerlich kaum verändert. Bis auf einige Vorboten der freien Marktwirtschaft wie fliegende Händler mit Kram aus dem Westen, T-Shirts, Tüchern, Socken. Ob einer darunter ist, der in fünf Jahren eine Kette von Textilgeschäften führen wird? Oder sind es alles nur Ritter der schnellen Mark, die wieder verschwinden, wenn sie abkassiert haben?

Wie es weitergeht, weiß keiner genau, wenn auch hinterher einige behaupten werden, es genau gewusst zu haben. Vorerst, so dein Eindruck, verharrt die Stadt in Untätigkeit, als habe die Anstrengung der Selbstbefreiung sie alle Kraft gekostet.

Zur Nikolaikirche. In diese älteste Kirche der Stadt hat deine kulturbeflissene Großmutter dich als kleinen Jungen geschleppt, um dir die ganz ungewöhnliche Dekoration der Säulen und des Gewölbes zu zeigen: Wie Palmen sehen sie aus. Die letzten Jahre warst du ein paarmal dabei, wenn man sich hier montags zum Gebet und zur Diskussion traf. Das war vor der Revolution. Oder muss man sagen: in der Revolution? Denn wann begann eigentlich, was am Ende mündete in die Kapitulation eines morschen Staates? Die kurzatmige Berichterstattung der Medien erweckt den Eindruck, als sei im letzten Oktober eine Revolution vom Himmel gefallen. Aber ihre Vorgeschichte dauerte vielleicht schon zehn Jahre. Oder zwanzig. Da werdet ihr noch zu senden und zu schreiben haben.

Eigentlich müsste dich Euphorie ergreifen. Immer und immer wieder warst du hier in deiner Heimatstadt, nach dem 17. Juni und vor dem 13. August und nach dem 13. August, in den 60ern und in den 70ern und in den 80ern, hast deine Leute besucht, die dich nicht besuchen durften, hast ihnen auch das Gefühl zu geben versucht, dass sie nicht abgeschrieben sind »hinter Mauer und Stacheldraht«. Hast nicht daran geglaubt, das Ende so rasch zu erleben. Und nun ist es da! Warum jubelst du nicht?

Vielleicht, überlegst du, weil du an so viele denkst, die es nicht mehr erleben durften. Menschen, die dir nahe standen.

Die Großeltern haben auch gehofft, solange sie lebten, und obwohl sie steinalt wurden, reichte es nicht. Onkel Gerhardt und seine Frau hatten ein besonderes Schicksal: Sie wollten flüchten, hatten Dutzende Pakete geschickt und zuletzt ihre Koffer gepackt, um an einem Sonntagmorgen von Leipzig nach Berlin zu fahren und rüber in den Westen. Aber der Sonntag war der 13. August 1961, und das Schlupfloch war seit ein paar Stunden zu. An so etwas musst du denken bei dem kurzen Besuch daheim.

Aber du erlebst es ja nun mit.

33. KAPITEL

Ein Stau.
Der Grund ist, wie meistens, nicht zu erkennen. Das Autoradio weiß, wie meistens, auch noch nichts. Wahrscheinlich wieder ein leichter Blechschaden, aber die Fahrer warten verbissen auf der Überholspur, bis die Polizei kommt. Meterweise rückt es noch eine Weile vor, aber irgendwann hat sich alles festgefressen. Du machst den Motor aus.

Du bist ja inzwischen gewitzt, rechnest großzügig und kalkulierst die doppelte Zeit ein. Das gehört zu den paar praktischen Dingen, die du »danach« geändert hast. »Davor« und »danach«, das ist deine neue Zeitrechnung. Ein oder zwei Stunden Stau bringen also deinen Reiseplan nicht mehr in Unordnung. Kein klopfender Puls mehr, keine fliegende Hitze. Du erinnerst dich ja genau genug an den Stau damals, den Super-Stau bei Frankfurt, an deine verzweifelten Versuche, ihm auf verstopften Schleichwegen zu entkommen. Das Herzrasen, der kalte Schweiß. Doch, du bist inzwischen ganz sicher: Das war's, was deinen Zusammenbruch ein paar Tage danach ausgelöst hat. Nicht verursacht, aber ausgelöst. Verschiedene Ärzte, Fachleute auf diesem Gebiet, haben es dir bestätigt: Das wäre ein klassischer Verlauf.

Aber so etwas passiert dir nicht wieder!

Du hast zu lesen dabei, den *Spiegel*, man muss sich ja auf dem Laufenden halten. *Spiegel*-Leser warst du schon zu Zeiten der *Spiegel*-Affäre, die eigentlich Strauß-Affäre hätte heißen müssen. BRD ohne *Spiegel*, das wäre eine flaue Geschichte gewesen. Leider muss man immer endlos lange Artikel durchackern, um bis zu den zwei oder drei Informationen vorzustoßen, auf die es ankommt. Aber wenn sie nur das Neue und Wichtige abdruckten, könnten sie vielleicht acht oder zehn Seiten füllen und hätten keine Chance, die Anzeigen unterzubringen, von denen sie leben. Wie auch immer: Als Journalisten beneidet ihr den *Spiegel* um sein Verdienst, so viel aufgedeckt zu haben wie niemand sonst. Warum gelingt euch das nicht im Fernsehen? Nur weil ihr nicht genug zahlen könnt für heiße Informationen? Oder weil heiße Informationen eben nicht eure Sache sind?

Der Stau hat sich eingerichtet. Wenn du jetzt eng in der Zeit wärst, bräuchtest du natürlich ein Autotelefon, um deinen Termin zu verschieben. Aber du hast kein Autotelefon. Du weißt, wer auf sich hält, hat so ein Ding, weil er glaubt, immer erreichbar sein zu müssen, auf der Autobahn, auf der Landstraße, an der Ampel, im Stau. Damit er seine Bürozeit nicht unterbrechen muss während der paar Stunden am Steuer. Aber wie viele sind wirklich so wichtig, wie sie vorgeben oder sogar glauben? Du hast dir geschworen, so ein Ding kommt dir nicht ins Auto. Nein, so wichtig bist du nicht, so bedeutsam willst du dich nicht machen. Ein paar Stunden ab und an bist du ausgeklinkt, bist nicht ansprechbar. Das soll so bleiben.

Der Stau bewegt sich nicht seit 20 Minuten. Was wäre eigentlich, wenn es jetzt wieder passierte? Genau jetzt und hier, im Auto, eingekeilt auf der Autobahn? Stell dir vor, du klappst lautlos am Steuer zusammen. Wer bemerkt das? Der Fahrer auf der Spur nebenan? Aha, denkt er höchstens, der Herr Nachbar ist vernünftig und macht ein Nickerchen. Recht hat er. Ist ja auch ätzend, diese Warterei. Endlich geht es weiter, die Motoren springen an. Hinter dir hupen sie wie verrückt, genervt vom langen Warten. Aber du hörst es nicht mehr. Du hängst über deinem Steuer und bekommst nichts mehr mit. Jemand hinter dir steigt aus, reißt empört deine Tür auf: »Hey, Alter, nicht pennen!« Er rüttelt an deinem Arm. Nichts. Besoffen? Am helllichten Tag am Steuer? Vielleicht tun sich ein paar zusammen und schieben deinen Wagen auf die Standspur, damit es weitergeht. Soll er erstmal seinen Rausch ausschlafen!

Doch, du hast wirklich Angst, dass es wiederkommt. Genau hier. Genau jetzt. Warum denn auch nicht? Die Veranlagung hast du, das ist bewiesen. Andere konkrete Ursachen, die sich beseitigen ließen, sind nicht gefunden worden. Du schluckst brav deine Tabletten in der Hoffnung, damit der Pflicht Genüge zu tun. Aber reicht das wirklich? Und: Steckst du nicht längst schon wieder viel zu tief drin im Trott?

Beim Abschied aus der Klinik wurde dir dringend geraten, kürzer zu treten. Wie macht man das? Jeden Tag solltest du Mittagsruhe halten, wenigstens eine halbe Stunde, das sei lebenswichtig für dich. Gute Idee! Ganz in der Nähe deines Büros gibt es diesen »Ruheraum«, wie er vorgeschrieben ist, mit einer knüppelharten Liege wie in der Wachstube damals beim Bund. Der Raum wird nie benutzt, jedenfalls nicht zum Liegen. Rumpelkammer ist er, Kartons mit allem möglichen Kram haben sich angesammelt, Tonbänder zum Löschen, Ordner zum Entsorgen. Sollst du dich dort hinlegen, wenn du vom Mittagsmahl aus der Kantine kommst?

Viel Bewegung! Nach dem Mittagessen eine Runde ums Betriebsgelände. Anfangs jeden Tag bei Wind und Wetter. Dann jeden dritten bei Sonnenschein. Und jetzt?

Wenigstens eines tust du, nämlich auf deinem Hometrainer strampeln. Weil das so eine entsetzlich stupide Betätigung ist, die an Goldhamster erinnert, hast du das Ding vor den Fernseher gestellt und bringst dich jeden Morgen transpirierend in den Genuss, das Frühstücksfernsehen von ZDF oder ARD zu verfolgen, das dringend ein paar Zuschauer braucht.

Tust du damit genug, damit »die Sache« nicht wiederkommt? Ein bisschen Strampeln und ein paar blutverdünnende Tabletten jeden Tag?

Eigentlich willst du ja von alledem nichts wissen. Eigentlich willst du ja wieder normal sein. Vor allem willst du nicht über diese Krankheit reden und nachdenken. Du willst nicht darauf angesprochen werden. Du willst sie hinter dir haben.

Aber sie verlässt dich nicht. Das können die meisten nicht nachempfinden. »Ach, Sie sehen doch wieder aus wie früher, also wirklich, wenn man es nicht wüsste …« Nett gemeint. Ehrlich gemeint. Aufbauend. Aber es funktioniert nicht richtig bei dieser merkwürdigen Krankheit. Sie bleibt immer bei dir. Nein, sie ist eben wirklich kein Beinbruch, der verheilt. Sie ist dieser Riss durchs Leben. In diesem blödsinnigen Stau auf der Autobahn musst du daran denken. Und du hast Angst.

Es dauert jetzt schon weit über eine halbe Stunde. Du brauchst keine Angst um deinen Termin zu haben, hast genug Zeit, genug Luft. Und wenn du ihn ganz verpasst – na wenn schon?

Aber was ist, wenn es wieder geschieht? Jetzt? Hier?

34. KAPITEL

Du musst dir wieder etwas zutrauen. Alle diese ganz normalen Dinge. Eben allein weite Strecken im Auto fahren. Du hättest dir früher nicht vorstellen können und kannst es anderen auch schwer begreiflich machen, dass jetzt immer diese Angst mitfährt: Es kommt wieder, und du kriegst die Kurve nicht so wie beim ersten Mal.

Noch hast du dich nicht in ein Flugzeug gewagt nach deinem Absturz. Denn was ist, wenn es ausgerechnet dort droben in 10 000 Metern Höhe passiert, weit weg vom nächsten Flughafen? Du hast Angst davor und auch eine merkwürdige Scheu vor der Situation, vor den Scherereien, die du dem Captain und der Crew bereiten würdest. Erste Hilfe müssten sie leisten, einen Ausweichflughafen ansteuern, eine Ambulanz alarmieren. Viele der Passagiere würden wichtige, knapp kalkulierte Termine versäumen.

Du hast dich entschlossen, nach Polen zu fliegen. Dein Warschauer Freund Staschek hat dir vorgeschlagen, gemeinsam zwei Wochen in Ostpreußen zu verbringen. Am Ende der Welt, um es nicht deftiger auszudrücken. Es ist, was Staschek bestimmt nicht näher bedacht hat, weit weg vom nächsten modern ausgestatteten Krankenhaus.

Du musst dich trauen!

Überhaupt wolltest du noch so viele Reisen machen. Du hast noch lange nicht genug von der Welt gesehen, findest du. China damals, kurz nach Maos Tod, in einer Zeit spannender Bewegungen. Sumatra, die ganz andere Welt, wo ihr in zwei Wochen keine 20 Weißgesichter getroffen habt, und Bali, das von Touristen – du warst ja auch Tourist – verkorkste Paradies. Die Sahara, mitten drin, weit vom nächsten Wasser. Rio und der Amazonas. Israel vom Golan bis zum Sinai. Ein Fleckchen Karibik mit den teuflischen Cocktails. Und immer wieder kreuz und quer durch die USA, am liebsten durch den Westen, durch die Wüsten und die ganze Küste rauf und runter. Auch Europa von einem Ende zum anderen. Alles sehr schön, aber eigentlich sollte es nochmal richtig losgehen, sobald die Kinder aus dem Gröbsten raus sind. Pläne, Pläne, Pläne. Ob du nun jemals noch nach Machu Picchu kommst? Kannst du noch so hoch hinauf, über 4 000 Meter, ohne dass dein Kreislauf zusammenbricht? Wirst du dich sowas noch trauen?

Erstmal klein anfangen: Ostpreußen, Masuren, Ermland, Danzig. So viele haben dir davon erzählt, auch mit Heimweh in der Stimme. Ein Paradies für jene, die es verloren haben. Du stellst dir vor: Seen, Flüsschen, Kanäle, Wälder, Himmel, Wolken, Störche, Kraniche. Abgeschiedenheit. Seit 20 Jahren oder so wolltest du schon hin.

Auf dem Frankfurter Flughafen. Du bist überpünktlich, wie du es dir für die Zukunft geschworen und angewöhnt hast. Reisefieber? Das wäre an sich etwas Neues. Nicht, dass du zu den großen Globetrottern gehörst wie manche deiner Fernsehkollegen aus der Außenpolitik, du bist ein ganz bescheidener »Innenpolitiker«, aber Reisen regt dich eigentlich nicht – schon lange nicht mehr – auf. Doch diesmal scheint es anders zu sein. Schon in der S-Bahn spürst du deinen Puls klopfen. Vor deinen Augen beginnt es zu flimmern. Dieser Kranz von Sternchen, der immer enger wird. Aber da musst du jetzt durch! Du checkst ein.

Du musst noch Geld aus dem Automaten holen, willst ja nicht mit 25 Euro in der Tasche nach Polen fliegen. Du kannst dir einfach nie merken, wie herum du diese blöde Plastikkarte einführen musst, aber es gibt ja zum Glück nur vier Möglichkeiten. Geheimnummer? Du kannst die Tastatur nicht mehr erkennen. Nur noch Sternchen. Beim besten Willen kannst du diese paar Zahlen nicht mehr entziffern. Du kannst ja jetzt nicht blind Tasten drücken, denn nach dem dritten Mal würde der Automat deine Plastikkarte verschlucken, weil er dich für einen Gauner hielte. Du müsstest überlegen, wie die Tasten angeordnet sind, aber dazu fehlt dir jetzt die Gelassenheit. Was machst du? Sollst du jemanden bitten, dir zu helfen? Du gibst auf.

Dir wird schwindlig. Wie damals, denkst du. Steuerst eine Bank an und lässt dich plumpsen. Tief durchatmen! Bloß keine Panik!

Was machst du jetzt?

Denken geht noch ganz gut. Du denkst, auf dem Flughafen gibt es doch eine Sanitätsstation. Du hast sie nie in Anspruch nehmen müssen, obwohl du oft hier abgeflogen und angekommen bist. Damals, als ihr eine Reportage über den Tag der Inbetriebnahme des neuen Terminals auf Rhein-Main machtet, da kam auch die Station vor, ein regelrechtes Krankenhaus. Aber wo ist sie? Du solltest suchen.

Aber dein Koffer ist schon unterwegs zur Maschine nach Warschau.

Jetzt nimm dich bei den Ohren! Konzentriere dich und mach dich auf den Weg. Du kennst dich ja aus in diesem Labyrinth. Die Maschine fliegt heute von B 12, ein weiter Weg, aber du hast Zeit. Sicherheitskontrolle. Setz dich in den Warteraum und denke an nichts. Strikt an nichts. Immer wenn der Gedanke kommt, dir könne jetzt – wieder – etwas zustoßen, dann weist du diesen Gedanken energisch zurück und zwingst dich, an nichts zu denken. Das hast du beim autogenen Training im Sanatorium gelernt, das funktioniert.

Es funktioniert wirklich. Bis der Flug aufgerufen wird, geht es dir wieder gut. Der Anfall ist vorüber. War wohl nichts Ernstes. Etwa doch nur Reisefieber? (Später, als so etwas nochmal und nochmal kommt, lernst du: Es war viel gefährlicher, als du dachtest. Zum Glück wusstest du es nicht. Oder vielmehr: Zum Glück ist nichts dabei passiert.)

Warschau. Staschek holt dich ab. Von dem blöden Zwischenfall erzählst du nichts, das geht keinen was an. Warschau kennst du schon ein bisschen von Besuchen. Eine Familiengeschichte fällt dir jedes Mal ein: dein Vater war im »Zivilberuf« Polizeioffizier, deswegen wurde er bei Kriegsbeginn, ungefragt, zur Feldgendarmerie eingezogen, zu den berüchtigten »Kettenhunden« mit dem Blechschild vor der Brust. Die Eroberung Warschaus machte er mit, ehe es nach Paris ging und später ins Straflager und in den Tod. Ja, er war dagegen, gegen Hitler und gegen den Krieg, und bezahlte es mit dem Leben. Aber für die Warschauer damals war er einer der verhassten Besatzer in der verhassten Uniform und für die deutschen Soldaten einer der verhassten Kettenhunde und Scharfmacher des Nazi-Regimes. Eine Geschichte von damals. Und heute kommst du hierher, um Freunde zu treffen.

Staschek ist auch einer, der nicht einfach ja sagt. Nach dem Ausnahmezustand und dem Verbot von Solidarność 1981 hat er gekündigt beim polnischen Staatsfernsehen und sich auf den ungewissen Pfad eines freien Autors begeben, der in Polen keine Aufträge mehr bekam. Er hat sich durchgeschlagen, und ihr habt ihn durchgezogen mit Aufträgen fürs ZDF. Glänzende Filme hat er gemacht, er beherrscht sein Handwerk. Vor ein paar Jahren der Film mit Rainer Barzel über dessen Heimat im Ermland. Ein Film der Versöhnung, gegen Hass und Revanche. Ein Film, den manche, weil sie ihn nicht kannten, einem Rainer Barzel gar nicht zugetraut hatten. Es war etwas ganz Besonderes, dass ihr, noch vor 1989, diesen Film in Warschau vorstellen konntet und dass er darauf im polnischen Fernsehen gezeigt wurde, wo er von viel mehr Menschen angeschaut wurde als im trägen, desinteressierten Deutschland. Ein kleiner Schritt so etwas, gewiss, aber ein gutes Gefühl, den einen oder anderen mitgegangen zu sein.

Masuren. Ihr wohnt in einem Ferienheim mitten im Lande, an einem See. Ein wirkliches, idyllisches Ende der Welt. Das nächste Städtchen hier heißt Mikolajki, früher, auf Deutsch, Nikolaiken. Der Weg dorthin ist umständlich: Man überquert den Ausläufer des Sees mit der Fähre, die tagsüber auf Anforderung verkehrt, und fährt 15 Kilometer durch den Wald. In Mikolajki gibt es bestimmt einen Arzt. Der könnte, wenn er alarmiert wird und gerade da ist, in einer guten halben Stunde kommen, tagsüber. Vermutlich wüsste er sogar, was zu tun ist. Wo das nächste Krankenhaus ist, weißt du nicht. Vielleicht hättest du dich erkundigen sollen. Aber, denkst du, du kannst doch nicht ewig und drei Tage an diese Sache denken. Du musst doch wieder normal leben!

Masuren, wie du es dir vorgestellt hast. Vielleicht hast du es dir bloß nicht ganz so rückständig vorgestellt, hast gedacht, irgendwo im Umkreis finde man eine brauchbare Gastwirtschaft. Es ist buchstäblich wie Ostzone. Aber du sollst sowieso abnehmen. Ausflüge mit dem Paddelboot. Gutes Training für den kaputten Arm. Kilometerweit durch manchmal nur zwei Meter breite Kanäle, durch Schilf, aus dem erschreckte Vögel aufflattern. Fast möchte man sich bei ihnen entschuldigen. Lange scheint hier keiner mehr gepaddelt zu sein, denn oft müsst ihr Äste aus dem Weg räumen, sogar umgestürzte Bäume zur Seite zerren. Manchmal, wenn du am überfüllten Strand der Côte d'Azur lagst und eigentlich nicht dort liegen wolltest, hast du dir sowas vorgestellt.

Ausflüge. Die Wolfsschanze, Führerhauptquartier. Überraschend, wie weitläufig das Gelände voller gesprengter Bunker ist. Es heißt, sie seien so raffiniert gebaut, dass man sie auch heute noch nicht erkunden könne, ohne von Betonplatten erschlagen zu werden. Eine Legende? Gar eine Verklärung? Unumgänglich der Gedanke an den Grafen Stauffenberg, mit der Sprengladung in seiner Aktentasche. Es gibt Orte, äußerlich ganz undramatische wie diesen Wald voller polnischer Hinweisschilder und grün überwucherter Trümmer, an denen die papierne Geschichte aus der Oberstufe ... Nein, falsch: Ihr habt weder in der Oberstufe noch sonst in der Schule ein einziges Wort gelernt über Nationalsozialismus und Verbrechen des Dritten Reichs. Das hast du dir alles selbst angeeignet.

Hohenlinden, Lötzen, Lyck, Heilsberg, Braunsberg, Frauenburg, Marienburg – davon weiß kaum einer mehr etwas, du auch nicht, aber Staschek ist ein guter Reiseleiter. Danzig: diese unvorstellbare Leistung! Im Rathaus ist gerade eine Ausstellung, sie zeigt das alte Danzig und den Trümmerhaufen 1945. Mit dieser Vorgabe vor Augen streift ihr stundenlang durch die Straßen, und du hast große Probleme, zu begreifen, wie so eine Stadt wieder so werden kann, wie sie heute ist. Ein Weltrekord an Wiederaufbau. Staschek zeigt dir natürlich die Westerplatte, wo der Zweite Weltkrieg ausgelöst wurde, aber vor allem die Orte an der Leninwerft, wo die Revolution begann mit Lech Walesa, dem richtigen Mann zur richtigen Zeit, wenn schon nicht für alle Zukunft.

Eine tolle Reise, auf die du dich da gewagt hast. So etwas wird jetzt öfter geschehen. Denn die Zeit, denkst du, die Zeit ist ein Stück kostbarer geworden.

35. KAPITEL

Marseille – warum strömen die Touristen bloß scharenweise nach Monte Carlo, nach Nizza, nach Cannes? Warum nicht in diese höchst ungewöhnliche Stadt?

Ihr sitzt im Café beim Alten Hafen, genau dort, wo die SS ganze Häuserblocks gesprengt hat, weil sie am Vieux Port Nester der Résistance vermutete. Marseille und die deutsche Besetzung – ein Wahnsinnsthema. Einen Film habt ihr darüber gemacht mit Ludwig Heldenmuth, dem kleinen Juden aus Gladenbach, der als Flüchtling vor dem Vernichtungslager hier in Marseille gelandet war und knapp überlebt hat. Er hat euch alle Ecken und Enden dieser tollen Stadt gezeigt und die unglaublich klingenden Geschichten von damals bestätigt. *Es muss nicht immer Kaviar sein:* Präzise wie in einer Dokumentation, peinlich genau recherchiert bis zur Farbe der Haustüren, sagte Ludwig Heldenmuth, habe Johannes Mario Simmel beschrieben, wie das Leben damals war in Europas Flüchtlingshochburg Nummer eins. Diese Stadt ist so unendlich viel spannender als die Schickimickiplätze.

Ihr wollt weiter durch Marseille, aber als du dich vom Stuhl erhebst, kannst du nicht auftreten und setzt dich gleich wieder. Ein stechender Schmerz in der Wade. Verdammt nochmal! Es kann doch wohl nicht sein, dass nach Jahrzehnten der Kerngesundheit ein Zipperlein das andere jagt.

Laufen geht jedenfalls nicht. Ihr verzichtet, mit Bedauern, auf den Rest von Marseille und fahrt zurück in euren Ferienort. Am nächsten Tag, als der Schmerz noch schlimmer wird, gehst du zum Arzt. Der bestätigt dir eine Venenentzündung, ein Begriff, den dein Schulfranzösisch gerade noch bewältigt. Das Bein schonen, sagt er, hochlegen, dreimal täglich das Medikament nehmen, Brennnesselextrakt, das kannst du nicht übersetzen, aber der Arzt demonstriert dir pantomimisch die Pflanze, aus der es gewonnen wird.

Es wird aber nicht besser, das Bein, im Gegenteil. Die Wade ist sichtbar geschwollen, auftreten kannst du überhaupt nicht mehr, nur auf dem gesunden Bein hüpfen vom Parkplatz zum Strand und dort faul im Schatten eines Sonnenschirms liegen. Die Kinder wollen Fez mit dir machen, Wellenreiten – was man hier so Wellen nennt – auf dem aufblasbaren Saurier, du wolltest ihnen Schwimmen beibringen, nichts ist es damit. Du leidest im Schatten des Sonnenschirms vor dich hin und verfluchst alles, den entgangenen Spaß, die vertane Zeit, die Ungerechtigkeit an sich, sogar der Gedanke an die Kosten des nunmehr verkorksten Urlaubs kommt dir.

Sollst du zu einem anderen Arzt gehen? Oder dich in einer Klinik untersuchen lassen? Aber du kannst doch nicht, weil es letztes Jahr mal hart auf hart ging, bei jedem Zwicken zum Hypochonder werden! Du beißt die Zähne zusammen und hoffst.

Eine Strandnachbarin klärt dich auf: Das sieht verdammt nach einer Thrombose aus! Das Wort hast du schon mal gehört, ist das gefährlich? O ja, sagt sie, unter Umständen lebensgefährlich.

Als du im Krankenhaus der nächstgelegenen kleinen Stadt unruhig auf die Untersuchung wartest, schwankst du zwischen Gefühlen: du hast Angst vor dieser Krankheit und möchtest möglichst nicht daran sterben, aber du hoffst immer noch, es sei etwas Harmloses und du könnest zurück zur Familie am Strand.

Kannst du nicht. Nach der piesackenden Prüfung mit Kontrastmittel in der Vene und Röntgen steht fest: Thrombose. Du musst umgehend ins Bett, kriegst eine Infusion angelegt, die das Blutgerinnsel auflösen soll, und darfst überhaupt nicht aufstehen, damit der Pfropfen sich nicht bewegt und gar ins Herz geschwemmt wird. Das könnte nämlich den Exitus bedeuten. St. Tropez sehen und sterben?

Wie lange soll das Ganze dauern?

Ungefähr zwei Wochen.

So ein Mist!

Du liegst in einem Bett auf dem Flur, ein anderes sei nicht frei. Na schön, in den Lazaretten vor 50 Jahren war alles unvergleichlich schlimmer. Andererseits müsste es nicht so primitiv und ungemütlich sein, sie kassieren ja Geld von dir oder deiner Krankenversicherung. Aber wenn du auf ein Bett in einem anständigen Zimmer drängst, verstehen sie dein Französisch plötzlich nicht mehr. Irgendwas scheinst du falsch zu machen. Bis Ulrike eine Idee kommt: Ein größeres Scheinchen fürs Personal. Plötzlich liegst du in einem Zweibettzimmer. So einfach geht das.

Jetzt hast du Zeit zum Überlegen. Dieser Arzt mit seinem Brennnesselzeug, der deine Krankheit überhaupt nicht erkannt hat, hätte dich leicht auf dem Gewissen haben können. Und dann? Selbst wenn deine Hinterbliebenen den aussichtslosen Kampf vor Gericht angetreten hätten um den Nachweis eines ärztlichen Kunstfehlers – was hätte es eingebracht außer verlorenen Kosten und einer ärgerlichen Niederlage? Dein Vertrauen zu den weißen Kitteln, denkst du, ist letztlich doch naiv. Aber was sollst du tun? Nachträglich abends Medizin studieren? Oder diese populärwissenschaftlichen Nachschlagewerke wälzen? O ja, es ist schon verdammt viel Glück im Spiel! Und die Großmutter hatte Recht: Die beste Krankheit taugt nichts.

In dieser Provinzklinik hier, die auf den ersten Blick überhaupt kein Vertrauen erweckt, haben sie wenigstens richtig diagnostiziert. Der Rest ist Routine, da kann man wohl nicht viel falsch machen. Die Gefahr ist gering, dass du jetzt noch umgebracht wirst.

Das Krankenhaus ist eine Klitsche, aber das Essen, stellst du erfreut fest, ist eben französisch: Artischocke als Vorspeise, dann Ratatouille, Mousse au chocolat hinterher, Rotwein dazu. Du denkst an den Fraß in deutschen Kliniken.

Aber die Langeweile! Du kannst doch nicht 15 Stunden am Tag lesen.

Nachts ist die Langeweile plötzlich zu Ende. Da wird jemand mit seinem Bett hereingeschoben, dem sie gerade den Magen operiert haben. Er tobt und schreit und zerrt an seinen Verbänden, wird an den Bettpfosten festgebunden, kriegt Beruhigungsspritzen, wütet weiter, bis morgens. Seine Frau wacht bei ihm, wirft bedauernde Blicke zu dir herüber, aber was soll sie tun? Er gehörte auf die Intensivstation – wenn es hier eine gäbe. Am zweiten Tag ein anderer Zimmergenosse, auch er am Magen operiert, aber nicht direkt auf der Kippe zwischen Leben und Tod. Er bekommt Besuch, meistens ein halbes Dutzend Leute und ein paar Kleinkinder, alle reden einen afrikanischen Dialekt, der vor allem laut und offenbar gleichzeitig gesprochen werden muss. Du versuchst es positiv zu sehen: du erlebst was, kommst ganz schön rum, ohne groß reisen zu müssen! Am vierten Tag endlich ein harmloser Fall, eine Thrombose im Bein, ein Leidensgefährte also. Ein angenehmer Zeitgenosse, Ruhe kehrt ein.

Draußen ist die Hölle los: Waldbrände rings um den Ort. Die meisten sind bestimmt nicht durch Zufall entflammt. Wo kein Wald mehr ist, haben uns Franzosen erklärt, könne das Land als Bauland ausgewiesen werden. Flugzeuge sind vom Hellwerden bis in die Nacht unterwegs, nehmen in der Bucht Wasser auf und lassen es auf die Brandherde regnen. Am Ortsrand sind schon erste Häuser evakuiert worden. Du darfst nicht aufstehen und rausschauen. Immer, wenn's spannend wird!

Woher hast du eigentlich diese neue Krankheit? Erwischt dich so etwas künftig öfter? Der Chefarzt erklärt dir, das eine – jetzt – habe nichts mit dem anderen – damals – zu tun. Wahrscheinlich sei es die Folge einer Verletzung. Welcher? Doch, erinnerst du dich, da war etwas, du hast dir die Wade schmerzhaft gequetscht, genau an dieser Stelle. Aber so etwas ist dir doch früher öfter passiert, ohne solche Folgen.

Ulrike hat die einleuchtende, beruhigende Erklärung: »Du bist eben über 50.«

Dein Bettnachbar drängt darauf, so schnell wie möglich entlassen zu werden. Nur auf eigene Verantwortung, warnt der Arzt und lässt sich das schriftlich geben. Am Vortag der Entlassung übt der Nachbar schon ein wenig Aufstehen und Gehen. Bis er plötzlich mit einem schmerzlichen Schrei zusammenbricht. Es scheint passiert zu sein, wovor die Ärzte gewarnt hatten, das Blutgerinnsel hat sich auf den Weg ins Herz gemacht. Das Krankenzimmer wird in eine provisorische Intensivstation verwandelt, ein Gerät nach dem anderen herbeigeschafft und angeschlossen, fünf Personen arbeiten schließlich an dem Patienten. Am Ende wird er mit einer Ambulanz abtransportiert in die nächste größere Klinik.

Du beschließt, ganz brav auszuharren. Nicht, dass es dir hier allmählich gefiele. Aber wer hetzt dich eigentlich? Nein, hetzen lässt du dich sowieso nicht mehr.

Aber du musst aufpassen, dass du kein Hypochonder wirst. Du musst konsequent versuchen, alles wieder wie früher zu machen. Die Krankheit, die du damals hattest, will die Menschen im Kopf verändern. Dagegen müssen sie kämpfen.

Nicht, dass es lustig oder nur angenehm gewesen wäre in dieser Klinik in St. Tropez. »Du armes Schwein«, hat Ulrike bei jedem Besuch gesagt. Aber du hast es ziemlich locker hinter dich gebracht.

36. KAPITEL

Diese Frage: Warum du dich nicht invalidisieren ließest? Das sei doch eine prima Chance, schon mit 50, die müsse man doch beim Schopf ergreifen.

Sie haben dich nicht persönlich gefragt, das wäre auch ungewöhnlich, denn wenn man jemandem etwas ins Gesicht sagen will, sagt man es einer Sekretärin, von der man weiß, dass sie befreundet ist mit der Sekretärin desjenigen, dem man es eigentlich sagen müsste, und dann kommt es schon an. Das ist eben üblich, manchmal lässt auch du Bemerkungen fallen in der Annahme, sie machten ihren Weg.

Du hast jedenfalls auf diese Weise erfahren: du sollst doch Schluss machen! Was musst du dich noch quälen? Und als Nebeneffekt gäbe es vor allem eine schöne freie Planstelle für einen, der schon lange befördert werden will.

Wenn du ehrlich bist: Das hast du in vergleichbaren Fällen früher auch gedacht. Was muss der sich mühsam wieder hochrappeln nach seinem Herzinfarkt? Bloß um einem Jüngeren – zum Beispiel dir – den Aufstieg zu verbauen? Quer zu liegen auf deinem Weg nach vorn? Warum kann er nicht seinen Schreibtisch räumen und sich seines restlichen geschenkten Lebens freuen? Hast du gedacht.

Aber nun geht es ja um dich. Zugegeben, auch du hast dir schon mal vorgestellt, deine Papiere zu holen und fröhlich winkend zum letzten Mal vorbeizufahren am freundlich grüßenden Pförtner, um morgen nicht wieder zu kommen und nie wieder. Wirklich nie. Du säßest danach auch nicht, wie mancher, in der Kantine und hofftest, dass jemand fragt: Könnten wir nicht nochmal eine Sache miteinander machen? Sie sind doch so ein erfahrener Mann. Du würdest, wenn schon, richtig Schluss machen.

Aber was dann? Du hättest einiges zu tun: schreiben. Ein Stapel Ideen und Konzepte liegt in deinem Schreibtisch. Einiges nachholen: reisen. Australien zuerst und dann der Jemen. Aber irgendwann würde auch dich der Kreislauf ereilen: den Garten in Ordnung bringen, den Keller aufräumen, den Speicher ausmisten, die Türen streichen, den Garten … Ulrike hat dir den größten Krach aller Zeiten versprochen, falls du vorzeitig aufhörst.

Im Ernst hast du auch noch nie ans Aufhören gedacht, trotz Misslichkeiten. Du hast dir doch diesen Beruf nicht ausgesucht, um vor der Zeit das Handtuch zu werfen!

Nun erreicht dich also, hinten herum, quasi die Aufforderung, Schluss zu machen. Von wem kommt sie? Ach ja! Ausgerechnet. Darauf hast du gerade gewartet.

Im Laufe eines Vierteljahrhunderts hast du in diesem Gewerbe ungezählte Menschen kennen gelernt und festgestellt, dass es keine einfachen Faustregeln gibt. Dass nicht nur Karrieristen Karrierre machen. Weiß der Teufel, warum ein völlig Integrer gerade ins Personaltableau gepasst hat, warum gerade kein anderer zur Verfügung stand. Jedenfalls kann man sich auf nichts verlassen.

Höchstens ein paar praktische Regeln kann man lernen. Ein Beispiel von vielen ist die Sache mit den schneidigen Interviews. Man knallt dem Politiker eine provokante Scheinfrage vor den Latz, die ihm die Möglichkeit gibt, empört zu erwidern: »Aber Herr XY, wo denken Sie hin!!« Schon haben sich beide profiliert. In höflicher Form eine Frage zu stellen, der der Politiker beim besten Willen nicht ausweichen kann, ohne dass die Zuschauer ihn dabei ertappen: Das ist die hohe Kunst des Interviews, aber damit erntet man keinen Ruhm. Also, wenn du was werden willst, dann stelle angenehme, brauchbare knallharte Fragen.

Du hast auch deine Erfahrungen mit deinen Vorgesetzten gemacht – und sie natürlich auch mit dir. Wer von euch die schlechteren Erfahrungen gemacht hat, sei dahingestellt. Jedenfalls hast du eine feste Meinung über sie, keiner kann dich mehr in irgendeiner Weise überraschen. Du kannst eigentlich ganz gelassen sein – und bist es auch in zunehmendem Maße. So ein Schuss vor den Bug hilft dabei ungemein.

Du willst eigentlich nichts mehr werden – Ulrike sagt: »Du bist ja schon was!« –, sondern nur noch möglichst viele gute Sachen machen, dabei in Ruhe gelassen werden, ohne Widerwärtigkeiten und schmutzige Tricks. Ist das eigentlich zu viel verlangt?

Du musst eben lernen, mit dem Hauen und Stechen zu leben, unfaires Verhalten zu ertragen. Am besten wäre es, an der richtigen Stelle mal loszubrüllen wie ein Stier und danach besänftigt zu lächeln, durchaus in der Erkenntnis, dass alles so ist und so bleibt. Das wäre es. Das musst du lernen.

Zweite Lebensregel: Nimm dir wenigstens vor, dummes Gerede, das dich hintenherum erreicht, zu ignorieren. Du wirst es nicht ganz schaffen, aber schon der Vorsatz wirkt beruhigend.

Drittens musst du dir endlich und endgültig abgewöhnen, dich für alles und jedes zuständig zu fühlen oder gar verantwortlich. Mach deinen Job so, dass du vor dir selbst bestehen kannst. Hundertprozentig ist das Ergebnis nie, auch bei den anderen nicht; aber ehrliche 85 ab und zu beruhigen die Nerven.

Und noch so eine goldene Lebensregel: du wirst dir nicht mehr vornehmen, als du schaffst. Außer der Anzeige im schwarzen Kästchen hat dein Arbeitgeber keinen Dank für dich parat. Und denke an die Regel: Wer gemessenen Schrittes beizeiten kommt, ist schnell; wer zu spät herbeihastet, ist nur hektisch. So etwas wie die Reise zum Adolf-Grimme-Preis kommt dir nicht mehr in die Tüte! (Wie oft wirst du gegen all diese Regeln verstoßen? Rückblickend wirst du sagen müssen: Oft. Ganz einfach: Zu oft.)

Du kannst wieder arbeiten, wie viele können es nicht! Manchmal triffst oder besuchst du Bekannte, die ebenfalls von einer Sekunde zur anderen von dieser heimtückischen Krankheit zum Wrack gemacht wurden – und die es blieben. Du hast Glück gehabt, das darfst du nicht aufs Spiel setzen.

In zwei Wochen macht ihr eine große Wahlsendung, eine ganz besondere: Fünf neue Bundesländer und ein altes wählen am selben Tag. Vergleichbares hattet ihr noch nie an so einem Abend. Der geliebte Stress der Hochrechnungen wird diesmal potenziert.

Unsere Freunde von der Forschungsgruppe Wahlen wiegen bedenklich die Häupter: Ob das gut gehen kann? Natürlich wird es gut gehen. Weil »die Mannheimer« ihr Geschäft beherrschen. Aber in der Tat haben sie wochenlang zu ackern mit den Vorbereitungen, Hunderte neuer Helfer anzulernen, Computerprogramme zu erarbeiten. Das dünne Telefonnetz im Osten behindert sie. »Drüben« können sie auch nicht auf frühere Erfahrungen mit dem Verhalten der Wähler zurückgreifen. Alles Neuland. Schon deshalb und nicht nur wegen der Ergebnisse wird der Abend spannend.

Stell dir vor, du säßest dann, vorzeitig pensioniert, zu Hause vor dem Fernseher und schautest einem Kollegen zu, der natürlich alles falsch macht. Nein, es ist schon in Ordnung so.

37. KAPITEL

Du fühlst dich mulmig, als du mit dem Skilift zur Kandahar hinauffährst. Obwohl wunderbares kaltes Skiwetter ist, blauer Himmel, beste Sicht.

Gestern hast du im Fernsehen die Weltcup-Abfahrt auf dieser Strecke verfolgt. Der Wasi hat bravurös gewonnen, der Parade-Naturbursche, dessen hinreißendes Bayerisch ihr im Fernsehen immer gern deutsch untertiteln würdet – wenn das nicht diskriminierend für einen ganzen Volksstamm wäre. Wie die Geisteskranken sind sie gestern die Kandahar hinabgeschossen, die Mikrofone an der Strecke haben das Kratzen der messerscharf geschliffenen Kufen auf blankem Eis übertragen. Aus dem Lift beäugst du misstrauisch diese berühmte Piste, bei deren Erwähnung die Zungen schnalzen.

Ein Ski-Ass warst du ja nie. Wie denn auch, wenn du erst mit Mitte 30 begonnen hast, einmal im Jahr zwei Wochen lang mit diesen unpraktischen Geräten, für die der menschliche Fuß nicht konstruiert ist, viel zu steile, viel zu bucklige, viel zu eisige Hänge hinabzurutschen. Blaue Flecken, Blutergüsse, Bänderdehnungen, ein Schnitt mit der scharfen Kante quer übers Maul – es soll einem ja nichts in den Schoß fallen. Aber es hat Spaß gemacht! Das gibst du nicht auf, hast du noch in der Klinik geschworen, damals, als das Bein gerade wieder die erste Regung zeigte. Das schaffst du wieder! Aber dann hast du einen Winter lang aussetzen müssen, weil du kaputt, kaputt, kaputt warst. Nichts hättest du geschafft. Überhaupt nichts. Dies schon gar nicht.

Diesen Winter hast du wieder mit Langlauf angefangen. Das ist nicht, wie kühne Abfahrer behaupten, eine Bewegungsart für alte Leute, allerdings ist es eine Bewegungart, die auch alte Leute beherrschen können. Oder Schlaganfallpatienten. »Machen Sie das!« hat deine Therapeutin geraten: »Das ist eine fabelhafte Übung für den Gleichgewichtssinn.« In der oberbayerischen Wintersonne bist du die zauberhafte Loipe von Graswang nach Linderhof und zurück geglitten, immer den fabelhaften Schweinsbraten vom Fischerwirt förmlich schon in der Nase und ein dunkles Weizen auf der Zunge. Der Sport hat der Kondition und dem Gleichgewichtssinn genutzt, das andere der Lebensfreude.

Nachdem du dich vom Schock dieser bösartigen Krankheit erholt hattest, wolltest du vor allem wieder der Alte werden. Auf möglichst vielen Gebieten. Das hat dich angestachelt. Du hast eine junge, bezaubernde Frau, der dauernd alle möglichen Avancen gemacht werden. Du kannst dich ja nicht damit begnügen, Haushaltsvorstand zu sein. Musst du zum Glück auch nicht. Wie hat sie immer gesagt, wenn einer ihr die feurigsten Abenteuer versprach: »Warum sollen wir auswärts Heringsbrötchen essen, wenn es zu Hause Kaviar gibt?« Sie sagt das immer noch. Du hast zwei sehr kleine Kinder. Spätberufener Vater, sagt man scherzhaft, aber manchmal braucht es eben einige Versuche, bis einer endgültig die richtige Frau gefunden hat. Es ist noch nicht so, dass sie im Kindergarten oder in der Grundschule denken, der Opa sei eingesprungen, wenn du deine Kinder abholst; es gibt schließlich viele von deiner Sorte, fast könnte man sagen, reife Väter lägen derzeit im Trend. Aber ein Problem gibt es schon: Viele der gemeinsamen Streiche und Abenteuer, mit denen

Kinder an ihre jungen Väter geschmiedet werden, wirst du dir und ihnen versagen müssen. Dein schönstes Abenteuer auf Reisen, die Schlauchbootfahrt durch den Grand Canyon, über 400 Stromschnellen des Colorado, das würdest du gern noch einmal machen, zusammen mit deinen Kindern, wenn sie groß genug sind. Aber bis dahin bist du nach Adam Riese ungefähr 65, und ob du dann noch den Nerv hast? Und gar in dem angeschlagenen Zustand, in dem die Krankheit dich hinterlässt?

Tennis hast du endgültig aufgegeben. Du kannst den Schläger höchstens zehn Minuten lang fest halten, und den gelben Ball, der auf dich zukommt, verlierst du aus den Augen, sodass du blind dorthin schlagen musst, wo deine Erfahrung den Ball vermutet. Aber Tennis sei doch eine fabelhafte Therapie, sagen dir die Ärzte unter den Klubmitgliedern. Kann ja sein. Aber es sollte ursprünglich mal Spaß machen.

Im Übrigen wirst du dich zusammenreißen. Wenn du einen guten Tag hast, kannst du immer noch Bäume ausreißen, mittelgroße jedenfalls, oder zumindest größere Büsche. Freilich hast du sehr viele schlechte Tage, aber du hast gelernt, so zu tun, als seien sie gut. Deine Schmerzen sieht keiner, deine Kreislaufprobleme kannst du inzwischen ganz gut überspielen, und dass du nicht mehr so gut sehen kannst wie früher, sieht dir keiner an. Und wenn du morgens deine Medikamente schluckst, deine Chemiefabrik, ist keiner dabei. Also!

Deine Prioritäten?

Deine Arbeit machst du immer noch gern und so gut du es kannst. Aber sie ist nicht mehr die Hauptsache wie vor 25 Jahren, als du alles andere dafür stehen- und liegen gelassen hättest. An allererster Stelle steht deine Familie. Die zwei Menschlein heranzuführen ans Leben. Deinem Vater war das ja nicht vergönnt, vielleicht ist es dir deshalb so besonders wichtig. Und, wie ihr's versprochen habt, da zu sein »in guten und in schlechten Tagen«. Schwer vorstellbar, dass einer von euch beiden geht, wenn der andere ihn braucht. Das sind die Prioritäten, das andere kommt erst danach.

Nun die Kandahar. Du stehst oben und schaust nach unten und verzagst. Hier sind der Wasi und die anderen gestern Schuss hinunter gefahren, haben sich beim Start wütend mit den Stöcken abgestoßen, weil es so langsam ging. Sind diese Menschen noch zu retten?

Du stehst eine ganze Weile und schaust. Tollkühn bist du nie gewesen auf Skiern, aber auch nicht ängstlich. Pisten wie diese bist du schon gefahren, in Val d'Isère oder anderswo. Aber da warst du noch in einem entscheidenden Punkt der Alte. Da hattest du deinen Zwischenfall noch vor dir.

Du erwägst, deine Skier abzuschnallen und das Stückchen wieder hinaufzusteigen zur Bergstation. Hin und wieder sieht man ja jemanden samt seinem Gerät mit dem Sessellift zu Tale fahren. Er erntet verwunderte bis spöttische Blicke der Hinauffahrenden, aber wen geht es letzten Endes etwas an, wie du vom Berg zu Tale kommst?

Nein! Das wäre das erste Mal in deiner bescheidenen Karriere im Schnee, dass du nicht von droben nach drunten auf Skiern fährst. Du fährst!

Es geht. Es geht nicht elegant, aber du musst dir ja nicht zuschauen. Es geht nicht schnell, aber es wartet ja niemand auf dich. Du weißt, wenn du hier nur einmal verkantest, dann gehst du koppheister den ganzen Hang hinunter. Auf dem Bauch, alle viere von dir gestreckt. Und die Skier überholen dich und warten irgendwo im Wald vor Garmisch. Also reiß dich zusammen!

Es geht natürlich gut. Und im Prinzip ist es ja auch nicht so schwer, langsam die Kandahar herunterzufahren, selbst wenn sie noch vom Weltcuprennen am Vortag knüppelhart ist.

Und dennoch ist es ein Sieg für dich. Sagen wir, ein mittelgroßer. Einer von den vielen, die man erringen muss nach so einer Sache.

38. KAPITEL

Lesung in Leipzig, im Alten Rathaus: Das hast du dir viele Jahre lang vorgestellt, ja erträumt. Genau wie Erich Loest, der Leipziger Schriftsteller an sich. Wir haben Bücher über unsere Stadt geschrieben, weil sie uns auch von weitem am nahesten lag und weil wir wollten, dass sie nicht langsam im Bewusstsein entschlummere auf der glücklicheren Seite der Grenze. Die Bücher waren natürlich verboten von der SED, und in der deutschen Bücherei draußen am Messegelände, wo seit dem Ersten Weltkrieg jedes in Deutschland oder auf Deutsch gedruckte Werk in einem Exemplar archiviert wird, Millionen inzwischen, dort standen deine Bücher oben unterm Dach im »Giftschrank«, zusammen mit den anderen verbotenen Autoren, die nicht zur öffentlichen Ausleihe zugelassen waren. Du hast dir die Regale angeschaut, ehe der Giftschrank aufgelöst wurde, und hast dich, abgesehen von ein paar geifernden Ideologen, in bester Gesellschaft gefunden, in allerbester sogar.

Nun also die erste Lesung in Leipzig. Ein paarmal hast du dich schon anderswo wieder getraut, nach einer langen Pause seit deinem »Zwischenfall«. Lesen, der einfache technische Vorgang, ist immer noch schwierig. Er wird es wohl bleiben. Rechts am Ende der Zeile verschwinden Wörter, wenn du nicht höllisch aufpasst. Du musst dich dreimal so stark konzentrieren wie früher. Am besten, du hast die Texte nicht nur auf dem Papier, sondern auch im Kopf.

Das Alte Rathaus ist der schönste historische Bau der Stadt. Wenn die Leipziger an einem Bauwerk wirklich hängen, dann ist es gewiss nicht der martialische graue Granitklotz des Völkerschlachtdenkmals und nicht der zu groß geratene Prachtbau des Hauptbahnhofs und nicht das verschnörkelte und verwinkelte Neue Rathaus und nicht der wilhelminische Protz des Reichgerichts, überhaupt nicht der Pomp des ausgehenden Kaiserreichs. Und schon gar nichts aus der DDR-Zeit. Das Alte Rathaus bekäme mit Abstand die meisten Nennungen. Es ist eher bescheiden, aber gediegen und auf seine Weise originell, mit dem seitlich versetzten Turm, von dem du als Kind immer annahmst, man habe ihn aufgrund falscher Berechnung nicht in die Mitte gesetzt, wo doch ein Turm eigentlich hingehört.

Es lesen viele Autoren an diesem Abend und überhaupt in diesen Tagen an den verschiedensten Plätzen der Stadt, denn es ist Buchmesse. Sie hat, wie jeder weiß, keine Chance, mit ihrer gigantisch gewachsenen Nachfolgerin im internationalen Geschäft, mit der Frankfurter Buchmesse, zu konkurrieren. Sie wird verzweifelt am Leben erhalten, als hinge sie am Tropf, und mancher Verleger bekennt, nur aus Nostalgie am historischen Platz festzuhalten, auch wenn es sich in keiner Weise auszahle. Aber es wird gelesen, gelesen, gelesen. »Leipzig liest«: über 20 Veranstaltungen jeden Abend, Dutzende von Autorinnen und Autoren, die bis vor kurzem hier nicht auftreten durften. Also auch du.

Den großen Saal des Alten Rathauses zu füllen, den mit der schweren Kassettendecke und den Porträts Dutzender Bürgermeister, das haben sie dir nicht zugetraut. Dort liest ein anderer, der, zugegeben, bei Literaturkritikern einen größeren Namen hat. Dich haben sie oben unters Dach verbannt, wo es schlichter und enger ist, positiv ausgedrückt: intimer.

Doch dann strömen sie, deine Leipziger Leser, der Saal ist vorzeitig voll, bald quillt er über, Gäste müssen stehen. Dein Verleger wird aktiv und beginnt mit ein paar Helfern, eigenhändig aus dem großen Festsaal überflüssige Stühle nach oben zu tragen. Tut dir wirklich Leid für den Kollegen da unten, aber was sollst du tun?

Alte Bekannte begrüßen dich, Hans-Joachim Rotzsch ist gekommen, der Thomaskantor, oder Günther Busch, als Torwart von Chemie Leipzig einer der Helden deiner Kindheit, entfernteste Verwandte, die du ewig nicht gesehen hast, teilweise seit der Flucht vor 38 Jahren. Alles redet auf dich ein, es ist wie ein Familienfest, und der Verleger schleppt immer noch Stühle.

Dir kommt plötzlich und nur ganz kurz der Gedanke, dass es sich für diese Stunde schon gelohnt hat, wieder ganz passabel auf die Füße zu kommen.

Du konntest ja wirklich mal ausgezeichnet lesen. Musstest du auch, als Studioredakteur der *heute*-Sendung. Nicht nur stundenlang die klein gedruckten Agenturmeldungen durchackern, fünfter oder sechster Durchschlag, Sendungstexte formulieren oder umschreiben, Interviews und Schaltgespräche vorbereiten, das auch alles. Aber in den reichlich 20 Minuten ab 19 Uhr musstest du vor allem lesen, und zwar möglichst perfekt. Du erinnerst dich an einen Schlussredakteur, er hat Karriere bis auf einen Intendantensessel gemacht, der gnadenlos bis zur letzten Minute Texte korrigierte mit seiner winzigen Kugelschreiberschrift. Ihr habt ihn oft deswegen beschimpft und verflucht, aber ohne Erfolg: Mitten in die Sendung wurden Blätter mit seinen fast nicht zu entziffernden Krakeleien nachgereicht. Was blieb euch Studioredakteuren einer Livesendung anders übrig als: Augen auf und durch! Gut, das musst du heute nicht mehr.

Es wird eine wunderbare Veranstaltung, du fühlst dich wirklich wie in einer Familie, und du merkst an den Reaktionen der Zuhörer, dass fast alle dein altes Leipzig-Buch *Für'n Groschen Brause* Kapitel für Kapitel kennen. Bei der anschließenden Diskussion bestätigen sie, das verbotene Buch habe in Tausenden zerlesener Exemplare in der Stadt zirkuliert. Der Roman habe das Leben von damals so beschrieben, wie es wirklich gewesen sei, und nicht so, wie die Propagandaschreiber à la Hermann Kant die DDR auftragsgemäß schöngeschrieben hätten. Und sie sagen noch etwas: du sollest weiterschreiben über dieses Thema.

Danach sitzt ihr in größerer Runde beim Bier in *Zill's Tunnel*, wo schon deine Großeltern einen Stammtisch nach dem Theater hatten. Der Thomaskantor, ergibt sich, hat als Fußballfreund so manches Mal den Torwart von Chemie Leipzig angefeuert, wohingegen dieser gern zur Motette der Thomaner ging. Auf diese Erkenntnisse und auf ihr erstes persönliches Zusammentreffen trinken die beiden noch je zwei weitere Gläser Ur-Krostitzer.

Du hast das Gefühl, wieder mal einen Höhepunkt zu erleben, wenngleich keiner davon Notiz nimmt und die Umsitzenden deine Gedanken nicht lesen können. Sollen sie auch nicht. Du beschließt in dieser Minute, gelegentliche Anwandlungen von Unzufriedenheit und Hader – nach dem Motto: warum ausgerechnet du? – konsequent zu ignorieren.

Du hast Glück gehabt. Es geht dir gut!

Bis auf ein paar Sachen.

39. KAPITEL

Deine zweite Kur, du fühlst dich wie ein alter Hase. Dieselbe Klinik, diesmal nach kürzerem Kampf mit der genehmigenden Behörde, die dich wieder in eine Einrichtung ihrer Wahl schicken wollte. Du habest dich aber in Bad Tölz sehr wohl gefühlt, einen »Kurerfolg« verzeichnet. Wenn schon ... Entscheidend war am Ende wieder mal Ulrikes energische Beredtsamkeit. Diesmal freust du dich richtig darauf, eben weil du jenes angenehme Gefühl hast, in eine vertraute Umgebung zurückzukehren. Das sei schon die halbe Miete, hat dein Arzt gesagt. Dass sie das nicht kapieren! »Grüß Gott, da sind Sie ja wieder, wir haben ein besonders schönes Zimmer für Sie.« Naja, die Zimmer sind fast alle gleich, aber nett ist es dennoch. Du erinnerst dich an deine trostlose Stimmung, als du beim ersten Mal hier antratst. Das war noch schlimmer als der erste Tag in der Kaserne damals. Aber heute? Es geht bergauf mit dir!

Hinter dem großen Panoramafenster über dem Eingang der Klinik sitzen wieder Patienten in ihren Rollstühlen, stumm, versunken, wahrscheinlich schon seit Stunden, und schauen, scheinbar teilnahmslos. Es kommt dir vor, als seien es dieselben wie damals und als säßen sie seit Jahren dort. So wie diese, denkst du, könntest du auch dort oben sitzen: Wenn du nicht sehr viel Glück gehabt hättest, noch leidlich jung gewesen wärst oder jedenfalls nicht sehr alt, und wenn du nicht gedacht hättest: Das könnt ihr mit mir nicht machen!

Nette Leute wieder am Essenstisch. Es gilt zu Recht als eine gewisse Kunst, eine passende Tischgesellschaft zu komponieren. Ihr kommt rasch ins Gespräch miteinander, auch wieder über die Frage, warum der eine und die andere hier ist. Nein, konkrete Beschwerden hatte man nicht, war nur insgesamt ein bisschen runter. Ja, es ist schwieriger geworden mit den Genehmigungen. Diese Sparmaßnahmen im Gesundheitswesen! Man muss sich ganz schön was einfallen lassen. Zum Glück spielen ja die Ärzte noch einigermaßen mit. Außerdem hat man schließlich einen Anspruch, oder nicht? Zumindest ist es üblich, alle drei Jahre zur Kur zu gehen. Am sichersten sei es, sagt der eine Tischnachbar, Trinker zu sein, da werde man fast zwangsweise zur Kur geschickt, auch wenn man hoch und heilig verspreche, hinterher weiter zu trinken. Das sei doch wohl etwas polemisch, sagst du, aber der Nachbar zitiert Beispiele aus der Firma. Du hast immer noch ein etwas schlechtes Gewissen: mit Anfang 50 zur Kur.

Du bist, außer bei Tisch, auch diesmal nicht sehr gesellig. Das hat damit zu tun, dass du im Alltag nicht oft mit dir allein sein kannst. Der Job ist gerade kein eintöniger, die Familie und die Kinder mögen eher Rambazamba, euer Haus ist ein offenes und selten leeres. Das alles, überlegst du, ist wieder wie früher. Den blödsinnigen Gedanken, deine Umwelt werde nach dem Crash länger als ein paar Wochen, vielleicht Monate, behutsam mit dir umgehen, hast du Gott sei Dank verdrängt. Es liegt an dir selbst, dich ab und zu herauszunehmen aus dem Trubel. Hier hast du Gelegenheit dazu.

Ein langes Gespräch mit dem Chefarzt.
Wie es dir gehe?
Stabil, sagst du. Das ist die beste Beschreibung, denkst du.
Was machst du anders als vorher?

Immer weniger, musst du zugeben. Ganz wichtig war anfangs: Mittagsruhe! Die ersten Monate zu Hause hast du dich strikt an den Rat gehalten, mittags eine Stunde zu schlafen. Aber seitdem du wieder im Beruf bist, seit langem also, hast du keine Gelegenheit. Oder nimmst dir keine. Ja, manchmal machst du einen Spaziergang ums Gelände. Wenn das Wetter es erlaubt. Oder wenn keine Telefonate sind. Oder wenn sich kein Besucher verspätet. Oder wenn keine Besprechung sich hinzieht. Also fast nie.

»Das wäre aber wichtig«, sagt der Chefarzt.

Ja, nickst du.

Therapie?

Da gehst du jede Woche hin, immer am Tag vor der Massage. Die Therapeutin bringt dir mit Engelsgeduld zahlreiche Übungen bei, aber kurz vor dem nächsten Termin fällt dir auf, dass du dir wieder keine Zeit genommen hast, sie zu praktizieren. Es ist wie damals mit der Klavierstunde.

Sonst ein Problem?

Es gibt ein größeres, aber damit wartest du noch.

Was ist mit der Feinmotorik der beschädigten Hand?

Naja, da fehlt noch vieles. Aber kein Vergleich mit damals, als du wirklich eine Dreiviertelminute oder länger brauchtest, um den Zündschlüssel ins Zündschloss zu bringen, verbissen immer wieder probierend, weil du es unbedingt mit rechts schaffen wolltest. Das geht heute wieder. Geblieben ist aber vor allem das ständige Gefühl, der Gegenstand, den du gerade fest hältst, müsse im nächsten Augenblick zu Boden fallen. Er fällt nie, aber er droht damit. Du musst dir nur immer sagen, dass er erfahrungsgemäß nicht fallen wird. Ja, und noch etwas: Manchmal sitzt du da und überlegst, ob eigentlich dein rechter Arm sich bewegen werde, wenn dein Hirn ihm den Befehl dazu gibt. Du sitzt und überlegst, ob du es ausprobieren sollst. Und hast bisweilen richtig Angst, dass du es probierst und er es nicht tut. Von deinem größten Erfolgserlebnis berichtest du aber auch: beim Chinesen wieder mit Stäbchen zu essen. Du hättest es nicht für möglich gehalten, dass das noch einmal geht. Es ist zwar eine völlig nebensächliche Fähigkeit, es sei denn, man lebte in China, aber es ist erstaunlich befriedigend, ein Stück Ente oder sogar eine Erbse oder eine Erdnuss auf fernöstliche Weise zum Munde zu führen.

Ob du, fragt er, noch Schmerzen habest?

Das war die Frage, die du vor allem stellen wolltest: Ob die Schmerzen blieben für alle Zeit.

Ja, Schmerzen hast du.

Immer?

Du versuchst einen Scherz: Nein, nur vom Aufwachen bis zum Einschlafen.

In Oberbayern ist gerade Föhn, und den spürst du ganz massiv. Du warst früher mal völlig unempfindlich dagegen, aber heute könntest du dich geradezu als Barometer verdingen: Schon ehe das Wetter umzuschlagen beginnt, schmerzt dir der Arm von den Fingerkuppen bis in den Rücken.

Aber viele hätten dir doch versichert, das werde sich noch bessern. Ärzte, Therapeuten, erfahrene Laien haben dich getröstet und ermuntert.

»Nein«, widerspricht er. »Nein, nicht nach so langer Zeit!«

Nichts zu machen? Nervenbahnen, heißt es doch, könnten noch nach Jahren …

Nein. Das ist vorbei. Das bleibt so! Das ist nun mal der Preis dieser Krankheit.

Und dann noch die Frage, wie du im Kopf zurechtkämst mit der Krankheit. Der Arzt drückt es anders aus, es sind wieder mal deine Worte.

Du hast natürlich Angst, dass sie wiederkehrt. Angst nicht mehr jeden Tag wie am Anfang, aber in mancher Situation und vor allem in mancher ruhigen Minute.

Ja, bestätigt er, diese Krankheit geht nicht einfach wieder. Es sei auch nie auszuschließen, sagt er, aber in deinem Fall sei die Wahrscheinlichkeit nicht sehr groß.

So, da haben wir's nun. Nicht schwarz auf weiß, aber aus kompetentem Munde: Es wird nicht mehr besser. Was da übrig geblieben ist, das ist der Preis, den du zu zahlen hast. Du kannst dir nur noch überlegen, ob du den Preis zu hoch findest.

Als du nach der Visite ins Städtchen bummelst, bemächtigt sich deiner plötzlich eine fröhliche Stimmung. Dieses jahrelange Hin und Her, das Hoffen und Fürchten hat endlich ein Ende. Wer alles hat dir das Blaue vom Himmel versprochen? Keine Bange, mein Junge, das wird noch! Musst nur daran glauben. Brav deine Übungen machen. Nie aufgeben.

Aus kompetentem Mund weißt du nun endlich: Das war's!

Es bleibt, wie es ist, das Blaue bleibt am Himmel.

Du beschließt, gnadenlos über die Stränge zu hauen: du kehrst ein auf ein Weizenbier. So ein Tag wie heute!

40. KAPITEL

Nun hat es dich doch nochmal erwischt. Optimismus verhindert keine Rückschläge. Es ist anders als beim ersten Mal, aber im ersten Augenblick genauso erschreckend.

So ein blödes Gefühl wie schon manchmal: Schwindel, Sternchen vor den Augen, Herzklopfen. Ja, es ist genau wie damals auf dem Frankfurter Flughafen, als du nach Warschau fliegen wolltest. Und nach Warschau geflogen bist!

In den Ruheraum! Trotz des Gerümpels, das sich dort stapelt. Er muss ja einmal seinem Namen gerecht werden, der Raum.

Es wird nicht besser, es wird schlimmer. Du spürst, irgendwas bahnt sich an. Du musst etwas tun.

Reiß dich zusammen! Raff dich auf!

Den langen hässlichen Gang entlang, Richtung Betriebsarzt. Das Gleichgewicht macht nicht mehr mit, du suchst dir von den beiden Wänden die linke aus, um dich voranzutasten. Eine Kollegin kommt dir entgegen, eine der hübschesten, aber auch intelligentesten, die ihr habt im Sender. Sie spricht dich an, will dir etwas berichten, aber du kriegst gerade noch raus, sie möge dir helfen und dich begleiten.

Der Arzt fragt dich, was los sei.

Du willst es ihm erklären.

Aber es geht nicht.

Das saublöde Gefühl, dass du etwas sagen willst, aber es kommt irgendetwas anderes aus deinem Mund.

Aus! (Eine kleine Sensation sei es durchaus gewesen, werden sie dir berichten, dass die Ambulanz vor dem Hauptgebäude hielt, wo eigentlich Halteverbot ist, um dich abzutransportieren. Aber nicht alle haben mitgekriegt, um wen es sich handelte.)

In der Klinik wachst du wieder auf.

Alles okay?

Ja, scheint so.

Was war das Ganze?

Kein neuer Schlaganfall. Aber eine Folge des alten. Sie erklären es dir medizinisch genau, du verstehst es ungefähr. Es sei nicht ungewöhnlich, dass so etwas geschieht.

Ein Nachklapp? fragst du.

Laienhaft ausgedrückt: ja.

Du darfst noch am selben Tag nach Hause. Sollst aber eine Zeit lang aussetzen. Und nochmal zu einer Nachuntersuchung kommen.

Eine Zeit lang aussetzen: eine prima Idee! Du hast einen Termin, um deine Reportage über Leipzig zu schneiden, die ihr in den letzten Wochen gedreht habt. Du bittest darum, den Schnitt um eine Woche zu verschieben. Es wäre kein Problem, der Sendetermin ist erst später.

Aber es geht nicht. Der Termin lässt sich nicht verschieben. Alles verplant.

Am liebsten würdest du jetzt ein Fass aufmachen. Das darf doch nicht wahr sein! Du hast dir doch nicht den Knöchel verstaucht, es war schon etwas ernster.

Aber du bist ja gelassener geworden seit damals. Ach, denkst du, was soll das? Was gehen sie deine Privatangelegenheiten an?

In der Klinik verschreiben sie dir Medikamente, damit »die Sache« nicht wiederkommt. Es müssen ziemliche Hämmer sein, denn sie warnen dich, dass unter Umständen der Magen ... Aber der ist Kummer gewöhnt. Der hat alle möglichen exotischen Speisen und Getränke verkraften müssen, also wird er auch mit der Medizin zu Rande kommen.

Als du pünktlich erscheinst, um die Reportage über Leipzig zu schneiden, findest du, du hast dich ziemlich gut im Griff.

41. KAPITEL

Ob du bei einer ZDF-Sendung über das Thema Schlaganfall mitmachen willst? Im *Gesundheitsmagazin Praxis*. Die Idee kommt von Hans Mohl: Ein Patient, den einige Zuschauer kennen und der wieder auf dem Bildschirm ganz präsent ist, würde dem Gedanken seiner Sendung gut tun.

Warum nicht?

Es ist allerhöchste Zeit, über den Schlaganfall aufzuklären. Er ist, sagt die Statistik, die dritthäufigste Todesursache in Deutschland. Nicht zu reden von den Hunderttausenden von Behinderten, die er auf der Strecke lässt. Tendenz: steigend. Tendenz: immer jünger. Aber nur wenige wissen etwas darüber. Oder wissen gar genug. Hast du dich nicht selbst an jenem Morgen beinahe ums Leben gebracht, weil du nicht Bescheid wusstest? Hilflos wartetest, dass etwas geschah, was gar nicht geschehen konnte: dass es wieder wegging, wie es gekommen war.

Es gibt einige bekannte Schlaganfallpatienten in unserem Land. Sie wollen aber nicht öffentlich darüber reden. Diese Altmänner-Krankheit! Dieser Mief von Pflegeheim! Damit wollen sie auf keinen Fall in Verbindung gebracht werden.

Mit diesem Image hast du kein Problem. Nur mit der Frage, ob du deine persönliche Story in die Öffentlichkeit tragen sollst. Eigentlich geht sie niemanden etwas an. Es ist ja auch eine sehr private Situation, in diesem beschissenen Zustand im Bett zu liegen. Wenn du nun im Fernsehen darüber redest, werden manche sagen: Der will sich doch bloß aufspielen!

Hans Mohl versteht deine Bedenken. Aber er sagt: Wer ebenfalls diese Krankheit hat, wird dankbar sein, dass einer öffentlich darüber redet. Und sein wichtigstes Argument trifft zu: Der Schlaganfall, diese »Volksseuche«, muss raus aus ihrem Versteck. Wer immer dazu beitragen kann, muss es tun: Ärzte, Gesundheitspolitiker, Journalisten – und eben auch Patienten, zumal wenn sie Journalisten sind und ein bisschen was tun können.

Also macht ihr diese Sendung. Ein wenig Show muss sein. Während der Wahlsendung in Hamburg wuselst du vor einer fixen Kamera durch die Gänge des altehrwürdigen Rathauses. Action! Stress vorspielen! Naja, sagst du dir, ganz ohne Stress ist es ja auch nicht. Und manches lästernde Großmaul würdest du wahrhaftig gern einmal live vor die Kamera stellen, damit es bei Rotlicht richtiges Nervenflattern kennen lernt.

Ehe du es dich versiehst, bist du »Reisender in Sachen Schlaganfall«. Hier ein Kongress, dort eine Aufklärungsveranstaltung. Moderieren hast du ja gelernt. Ehrenamtlicher Propagandist. Eigentlich würdest du gern eine solche Rolle bei einem positiven Thema spielen, aber da wirst du nicht gebraucht, da gibt es genug andere. Du hast dein Thema.

Ein Fernsehspiel möchtest du schreiben, in dessen Mittelpunkt ein Schlaganfall steht. Eine höchst dramatische und auch melodramatische Geschichte, die sozusagen subkutan aufklären würde. Du gehst mit der Idee hausieren. Du weißt, sowas dauert. Frühestens in einem Jahr kann beschlossen werden, was frühestens in drei Jahren gesendet wird. Das macht dich schier krank, denn du hast gelernt, schnell zu entscheiden und bald darauf zu senden. Nun musst du bohren und bohren und warten und warten.

Interessanterweise spricht dich in deinem näheren beruflichen Umfeld keiner auf den Schlaganfall an. Außer den guten Freunden. Manchmal denkst du, sie wollen es nicht wissen, um keine Rücksicht nehmen zu müssen. Aber dann denkst du wieder, sie sollen ja auch keine Rücksicht nehmen, also brauchen sie es nicht zu wissen. Und hast du selbst eigentlich nachgefragt, wenn ein nicht so befreundeter Kollege auf die Nase gefallen war?

Der Schlaganfall: Eine Krankheit macht Karriere. Immer mehr wird darüber gesprochen, immer genauer geforscht, immer intensiver aufgeklärt. Manchmal findest du es direkt spannend, mittendrin zu sein, mitzumachen. Bloß eine zweite Bekanntschaft mit der Krankheit möchtest du meiden.

Die Stiftung Deutsche Schlaganfall-Hilfe rührt sich. Es ist zwar nur eine der Organisationen, die den Kampf aufgenommen haben, aber sie ist die wichtigste und effektivste. Dort mittun tut gut.

Und dann die Frage, ob du ein Buch über deinen Schlaganfall schreiben willst.

Da musst du wieder viel Persönliches hergeben. Und außerdem: Es war zwar haarig damals, aber du hast am Ende Glück gehabt. Wenn du das beschreibst, könnten sie wieder sagen: Was hat er denn? Er soll doch froh sein!

Bist du ja.

Aber du hast es durchgemacht. Richtig von Anfang.

Du kannst es erzählen.

Und andere wollen nicht.

Also schreibst du es auf.

Vielleicht lernt jemand etwas daraus.

42. KAPITEL

Ein Fazit?

Das muss ja wohl sein am Ende eines solchen Buches. Obwohl eigentlich alles gesagt ist. Also machen wir's kurz.

Du kannst keinen verantwortlich machen außer dir selbst. Du wusstest, dass du unvernünftig gelebt hast, aber du wolltest es. Weil vernünftig leben weniger Spaß macht. Jeder weiß das, und wenn es schief geht, muss er auch damit leben. Das war ein Teil der Rechnung.

Der Job war deine Wahl. Du würdest auch beim zweiten Mal keinen anderen wählen, ihn nur ganz anders anpacken, aber wer sagt das nicht von sich und seinem Job? Sehr gemütlich war es nicht die Jahre und Jahrzehnte, aber das hätte dich auch gelangweilt. »Ausruhen kann ich mich, wenn ich tot bin.« Das war vielleicht ein anderer Teil der Rechnung.

Dass Menschen dazu neigen, sich gegenseitig die Hölle heiß zu machen, damit die eine Nase etwas höher getragen werden kann als die andere – es ist eben so. Wer damit nicht zurechtkommt, ist selbst Schuld.

Alles abgehakt.

Wirklich ärgerlich ist, dass du an dem bewussten Morgen keine Ahnung hattest, was dir widerfahren war. Hast alles Mögliche gelernt in deinem Leben, Nützliches und völlig Überflüssiges, aber in einem entscheidenden Augenblick wusstest du nicht Bescheid. Kanntest nicht die Symptome einer Krankheit, die täglich Hunderte trifft. Für die du auf der Zielliste standest als einer der nächsten Kandidaten. Das ärgert dich bis heute, denn vielleicht ginge es dir ein wenig besser, wenn alles ein wenig schneller gegangen wäre. Vielleicht.

Und dass du nicht vorher gemerkt hast, was auf dich zukam. Als ein paar Monate davor dieser Kreisel in deinem Kopf anfing, der sich drehte und drehte. Da hast du die Chance vertan, alles noch zu verhindern. Darüber möchtest du dich schwarz ärgern.

Ob daraus einer lernt, der das liest?

Aber nun hast du die leidige Sache eben am Hals. Und wie gesagt: Diese Krankheit geht nicht wieder weg wie eine Grippe oder ein Beinbruch. Sie wird dich begleiten bis ans Ende. »Die paar Jahre«, sagst du manchmal. Du wirst noch viele schlechte Tage erleben, mit Schmerzen und Schwindel, die du dir hättest ersparen können.

Aber du hast dich eingerichtet, und es geht ganz gut. Wie vielen geht es viel, viel schlechter!

Du musst aufpassen, nicht bequem zu werden. Es wäre ja so wunderbar einfach zu sagen: Das ist nichts mehr für dich, das ist nun mal vorbei.

Schließlich willst du kein Hypochonder werden!

Oder bist du es etwa schon und merkst es nicht?

Was machst du wirklich anders als vorher?

In der Praxis leider ganz wenig. Allenfalls in deiner Haltung. Es gelingt dir öfter als früher und öfter von Jahr zu Jahr zu sagen: Wisst ihr was? Das ist alles ganz, ganz wichtig. Aber bitte nicht für mich!

Das ist, denkst du, entscheidend.

Was dich bedrückt, ist natürlich der Gedanke, dass »die Sache« wiederkommen kann. Eigentlich ist dies das Einzige, was dich noch bedrückt. Alles andere ist entweder Vergangenheit oder ist Gewohnheit geworden.

Manchmal fragt dich jemand: »Hatten Sie nicht einmal einen Herzinfarkt?«

»Ja«, sagst du, »sowas Ähnliches.«

»Na, da haben Sie ja wohl riesiges Glück gehabt.«

»Ja«, sagst du.

Ja.

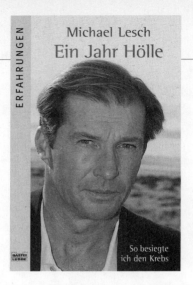

ERFAHRUNGEN

Michael Lesch
Ein Jahr Hölle

So besiegte ich den Krebs

Im November 1999 bricht der Schauspieler Michael Lesch plötzlich zusammen. Diagnose: verschleppte Lungenentzündung. Doch dann entdecken die Ärzte – eher zufällig – mehrere Tumore im Schulter- und Brustbereich sowie im Magen. Morbus Hodgkin, Lymphdrüsenkrebs. Michael Lesch übersteht mit ungeheurer Willensstärke die Chemotherapie und zahlreiche Komplikationen. Mehr als einmal hängt sein Leben an einem seidenen Faden. Er besiegt den Krebs und kann schon nach einem Jahr wieder ein renommiertes Golfturnier gewinnen.

ISBN 3-404-61490-9

**Wenn Sie hier rauskommen,
werden Sie nur noch kriechen können ...**

Er war der kommende Mann im internationalen Radrennsport, doch dann kam der Krebs: Hodenkrebs – mit Metastasen in der Lunge und zwei Tumoren im Gehirn. Überlebenschancen: nahezu keine. Der Profiradsportler Lance Armstrong erzählt seine unglaubliche und bewegende Geschichte, die aus ihm einen anderen Menschen gemacht hat.
Eine Geschichte von Zusammenbruch und Durchhaltewillen, von Verrat und Freundschaft, von Verzweiflung und Liebe, von der Hölle der Chemotherapie und dem Zusammenbruch aller Lebenspläne – eine Geschichte, die mit der Rückkehr ins Leben endet und den Siegen der Tour de France 1999, 2000 und 2001.

ISBN 3-404-61496-8

Einen Tag am See verbringen, mit dem Fahrrad unterwegs sein, sich sonnen, den Sommer genießen: Für Antoinette Krawinkel ein unerfüllbarer Traum. Ähnlich wie Hannelore Kohl leidet sie an Lichtkrankheit. Sie kann ihre Wohnung tagsüber nicht verlassen, nur nachts traut sie sich zu einem kurzen Spaziergang ins Freie. Einkaufsbummel, Treffen mit Freundinnen im Café, Essen im Restaurant mit ihrem Ehemann – all das kann sie nie erleben. Selbst Termine beim Zahnarzt oder Friseur kann sie nicht wahrnehmen.

Doch Antoinette Krawinkel hat ihre Krankheit angenommen und versucht ihr Leben so erfüllt als möglich zu leben. Mit unglaublicher Kraft und Entschlossenheit stellt sie sich ihrem Schicksal.

ISBN 3-404-61492-5